新版
鎌倉しふぉんのお菓子教室
季節のシフォンケーキとお菓子

はじめに

私が一番大事にしてきたものは、自分が食べて「おいしい！」という感覚。

そこにお客様が同じ思いを重ねてくださったとき、

シフォン屋になってよかったと思える瞬間です。

もっともっとおいしいケーキを焼きたいという思いで今日まで歩んで参りました。

お店の近くの工房では、毎月お菓子教室を開いています。

シフォンケーキはもちろん、ショートケーキやシュークリーム、

タルトやクッキーなど、季節に合わせたさまざまなお菓子を作っています。

本書で紹介しているのは、教室で長らく教えてきた品々です。

お菓子はすべてベーキングパウダーを使わず、卵の力だけでふくらませます。

旬のフルーツや野菜をたっぷり使い、材料は極力シンプルに。

豊かな四季を感じられる、素材の風味を生かしたお菓子です。

ある生徒さんがシフォンをプレゼントする時、

「あなたのことを思って焼きました」といってお渡しする

というお話をしてくださいました。

思いを込めるということは、物作りに欠かせない大切なことです。

お菓子の気持ちをくみ取り、謙虚な姿勢で臨んだとき、

一番おいしく仕上がるような気がします。

自己主張はしないけれど、しっかりとそこに存在している。

そんなお菓子をこれからも焼き続けて参りたいと思います。

移りゆく季節とともに、本書のお菓子を味わっていただけたら幸いです。

contents

Chapter 1　季節のシフォンケーキ

2　はじめに

8　プレーンシフォンケーキ

9　私の目指すシフォンケーキ

15　成功例と失敗例

春のシフォンケーキ

17　桜シフォンケーキ

18　よもぎシフォンケーキ

19　メープルシフォンケーキ

夏のシフォンケーキ

23　ハーブシフォンケーキ

24　枝豆シフォンケーキ

25　アメリカンチェリーのシフォンケーキ

秋のシフォンケーキ

29　栗のシフォンケーキ

30　ブランデーシフォンケーキ

冬のシフォンケーキ

33　黒豆シフォンケーキ

34　アップルティージンジャー
　　シフォンケーキ

この本の使い方
> 小さじ 1 は 5㎖、大さじ 1 は 15㎖です。
> 卵はすべて L サイズ（正味 56g）を使用しています。
> 一章のシフォンケーキは、17cm シフォン型の場合、
　卵黄 4 個は約 75g、卵白 4 個は約 150g です。
　20cm シフォン型の場合、
　卵黄 7 個は約 130g、卵白 7 個は約 260g です。
> 本書のお菓子はガスオーブンで作った温度と焼き時間を
　記載しています。機種によっても焼き上がりに差が出るため、
　レシピを参考にし様子を見ながら調整してください。
　電気オーブンは開閉のときに温度が下がりやすいため、
　予熱温度を 30 ～ 50℃上げておくことをおすすめします。

Chapter 2　季節のお菓子

春のお菓子

39　ひな祭りのショートケーキ

42　シュークリーム・スワンシュー

43　パリブレスト

47　いちごのババロア

49　アイスボックスクッキー

夏のお菓子

53　レアチーズケーキ

56　ブルーベリータルト

57　クラフティー・スリーズ

58　タルト生地の作り方

63　キャロットゼリー

秋のお菓子

64　ラ・フランスのタルト

65　パンプキンタルト

68　ガトーショコラ

70　バナナケーキ

71　りんごのケーキ

75　スイートポテト

冬のお菓子

77　チョコレートケーキ

80　フルーツケーキ

81　マーブルケーキ

85　ロールケーキ

88　ブッシュ・ド・ノエル

90　マジパンモチーフの作り方

92　使用している材料

94　シフォンの道具とお菓子の型

Chapter 1

季節のシフォンケーキ

シフォンケーキは、作り方は同じでも素材を変えれば
いろいろな味を楽しめることが魅力です。
春は桜の花、夏は枝豆、秋は栗、冬はしょうがなど……。
その時期ならではの素材を使った四季を感じるシフォンです。

プレーンシフォンケーキ

Chiffon cake

何も具材が入らないプレーンシフォン
は、生地の食感や風味をダイレクトに
味わえる基本のレシピ。これをマスタ
ーすれば、素材を変えていろいろなア
レンジを楽しめます。

作り方 >p.10

私の目指すシフォンケーキ

シフォンケーキは、シンプルがゆえに、ごまかしがききません。

味、舌触り、食感、匂い。

その特性をいかすため、最小限の材料を使用しています。

ベーキングパウダーがなくても、卵の力だけで膨らみますので、

必要のない材料は足しません。

季節の食材は、栄養価はもちろん、見た目も味も満点ですから、

できるだけフレッシュなものを使用して

素材が本来持つおいしさを生かすようにしています。

ふわふわだけど、弾力があり、のど越しがよく、いくらでも食べたいと思える。

まずは、そんな基本のプレーンシフォンケーキをマスターしましょう。

生地のこと

おいしいシフォン生地を作るためには、触る回数を少なくし、
短時間で仕上げることがポイントです。
メレンゲ作りは生地をふくらませるための重要なプロセスなので、
しっかり泡立てて適切な仕上がりを見極めましょう。
メレンゲは放置すると離水してボソボソになるので、
完成したら時間を置かず、すぐに卵黄生地と合わせてください。
薄力粉は米粉（熊本県産「ミズホチカラ」）に、牛乳は豆乳や水に置き換えて作成できます。
またノンオイルでもシフォンの食感をくずすことなく焼成できます。

オーブンを使うときの注意点

せっかくよい生地が仕上がっても、
オーブンの温度と焼き時間が適切でないと、おいしさが半減してしまいます。
焼き上がったらすぐにオーブンから取り出してください。
庫内で時間が経過するごとに生地がかたくなります。
また、本書のレシピの温度や焼き時間は、工房のガスオーブンを基本に設定しました。
ご家庭のオーブンによってくせが異なるので、様子を見ながら調整してください。
何度か焼きながら適切な温度と時間を探ってみましょう。
電気オーブンの場合は、開閉したときに温度が下がりやすいので、
予熱温度を 30 〜 50℃上げるとよいでしょう。

材料

	17cm	20cm
卵黄 (L)	4個分	7個分
なたね油	50mℓ	90mℓ
牛乳	60mℓ	100mℓ
薄力粉	70g	120g
卵白 (L)	4個分	7個分
グラニュー糖	60g	100g
ホイップクリーム	適量	

焼き時間 (180℃)

17cm	**20cm**
約25分	約30分

準備

・紙などを敷き、薄力粉を高い位置から2度ふるう（**a**）。

> 高い位置からふるうことで空気をたくさん含み、生地がふくらみやすくなります。

・グラニュー糖は1度ふるう。
・オーブンは180℃に予熱しておく。

> 天板は予熱時から入れて温めておきます。電気オーブンの場合は火力が弱いため予熱時は30〜50℃高く設定し、生地を入れたら180℃にもどすとよいでしょう。

●卵黄生地を作る

1

ボウル（大）に卵黄を入れ、なたね油を加えて泡立て器で混ぜる。

2

牛乳を電子レンジなどで人肌くらいに温め、1に加えて混ぜる。

3

薄力粉を再びふるいながら一度に加え、泡立て器で混ぜる。

4

粉が混ざったら、卵黄生地の完成。

> 材料がきれいに混ざればOKです。ここまで1分もかかりません。

● メレンゲを作る

5
ボウル（小）に卵白を入れ、ハンドミキサーの弱でこしを切るようにして混ぜたら、強にして一気に混ぜる。

6
全体に白い泡が立ってきたら、グラニュー糖の½量を加えてさらに泡立てる。

7
残りのグラニュー糖も加え、ボウルを斜めにしてハンドミキサーをぐるぐる回しながら力強く混ぜる。

> 弾力のあるシフォンに仕上げるためには、こしのあるメレンゲ作りが大切。ハンドミキサーを手でしっかり動かしながら力を入れて混ぜるのがポイントです。

8
手に生地の重みを感じるようになり、つやが出てきたらメレンゲの完成。

> メレンゲの泡が消えないように次の作業へ手早く移りましょう。

● NG
未完成の
メレンゲ

角の先がおじぎをするくらい柔らかければ、まだ未完成の状態です。

● 卵黄生地とメレンゲを混ぜる

9

卵黄生地にメレンゲの1/3量を加える。

10

● NG
卵黄生地が残っている
ゴムベラで底から返して卵黄の濃い生地が残っていたら、まだ完全に混ざっていない証拠。失敗の原因になるのでしっかり混ぜ合わせます。

＜

泡立て器でだまがなくなるまでしっかりと混ぜ、卵黄生地が残らないようにゴムベラで底から返す。

11

残りのメレンゲも2回に分けて加え、そのつど同様にだまがなくなるまで混ぜる。

12

● NG
メレンゲが残っている
メレンゲがしっかり混ざっていないと焼き上がった時に空気穴があく原因に。白い部分が完全になくなるまで混ぜましょう。

卵黄生地が残らないように再度ゴムベラで底から返し、ふんわりとした生地になれば完成。

＞だまがなくなったら必要以上に混ぜないように注意。触りすぎると生地がだれてふくらまない原因になります。

●焼く

13
生地を少し高めの位置から型に流し入れる。

> 高めの位置から一気に流し入れることで、空気を含まず気泡が少なくなります。

14
ゴムベラを使って表面を平らにならす。

15
180℃のオーブンで焼く。焼き上がったら逆さまにし、型の中央部を高さのある器の上にのせて冷ます。

> 焼きすぎると生地のしっとり感がなくなるので、火が通ったらすぐにオーブンから出します。オーブンによりくせが異なるので、焼き時間や温度は様子を見ながら調整してください。

16
冷めたら乾燥しないように型ごとビニール袋に入れ、冷蔵庫で冷やす。

> 作った日に食べてもよいですが、冷蔵庫で冷やして2~3日後が生地が落ち着き、しっとりとして食べ頃です。

●型からはずす

17
生地を手で中央部に寄せてパレットナイフを入れ、型に沿ってぐるりと一周し、側面をはがす。

> 冷蔵庫から出したばかりの冷えている状態が型からきれいにはずしやすいです。生地に弾力があると手で寄せてもすぐ元にもどります。

18
底にパレットナイフを入れて生地をはがす。

> パレットナイフはナイフの中央部から入れるようにすると、生地に突き刺さりません。

19
中央部にシフォンへら（または竹串）を入れてぐるりと一周し、生地をはがす。

20
逆さまにして底板をはずし、でき上がり。食べやすい大きさにカットし、好みでホイップクリームを添える。

> カットしてから保存するときはラップに包み、冷蔵庫または冷凍庫へ。保存状態がよければ冷蔵庫で1週間、冷凍なら1カ月ほど保存可能。常温にもどすか半解凍でもおいしく召し上がれます。

プレーンシフォンには、ホイップクリームのトッピングがおすすめ。少しゆるめに泡立てた生クリームを、スプーンでふんわりすくって添えました。

成功例と失敗例

シフォンケーキはデリケートなお菓子なので、失敗もつきもの。
成功と失敗の差はどこで出るのか、原因を確認しておきましょう。

● シフォンの
　成功のポイント

生地作りの際は、触る時間が短いほど、よい生地に仕上がります。色つやがよく、型の8分目まで入る量がベスト。焼くと生地が上へ立ち上がり、焼き上がりは型よりも少し盛り上がるくらいの高さで、表面にきれいにお花が咲いたような割れ目ができていれば成功です。

● 気泡が
　入ってしまった

卵黄生地とメレンゲが完全に混ざりきっていないことが原因（p.12）。生地に残ったメレンゲのだまが焼いているうちに膨張し、大きな穴になってしまいます。

● 生地が
　詰まってしまった

メレンゲが柔らかいか、かたいか、または卵黄生地とメレンゲを合わせるときに混ぜすぎて生地がだれたのが原因。弾力がなく、すぐに縮んでしまいます。

● 底に
　穴があいてしまった

混ざりきっていない卵黄生地やメレンゲが型に付着したのが原因。逆さまにしたときに底からはがれ、その重みでまわりの生地も引っ張られて空洞に。

● 生地の触りすぎや温度が
　失敗を招く原因

生地がサラサラで型に入れると量が少ないときや、冷ましている間にしぼんでしまうときは失敗といえます。生地作りに時間がかかりすぎ、触りすぎが原因。また、生地の温度が低すぎ、オーブンの温度設定や焼き時間が適切でないなどの問題も考えられます。

Spring

春のシフォンケーキ

厳しい寒さの冬を越えると、芽吹きの季節がはじまります。見るもの、聴くもの、すべてが色とりどりに輝き、心も体も躍動感にあふれています。そんな春をイメージしてシフォンを作りました。桜の花やよもぎ、メープルシロップといった香りのよい素材を最大限に生かして材料はシンプルに、もちろん、シフォン本来の食感や舌触りもこわさぬよう、配慮しながらレシピを考えました。自然の素材が作り出すやさしい色合いに癒され、口の中で春を感じることができる贅沢をぜひ味わっていただきたいと思います。春は行事も多い時期ですから、大勢の方へのお披露目の機会もあることでしょう。暖かな日差しとともに、楽しい輪の中にはいつも、シフォンケーキがいてくれたら嬉しく思います。

桜シフォンケーキ

桜の花びらの塩漬けを生地の中に混ぜ込み、トッピングにも使って華やかに。
ほんのりきいた塩味がアクセントとなり、味を引き締めてくれます。
カットすると花びらの薄桃色が顔を出し、幸せな気持ちになります。

Cherry blossoms

作り方 >p.20

よもぎシフォンケーキ

春になると、市場の店頭にはよもぎやツクシが並ぶことがあります。
そんなときに作りたいのが、よもぎ団子や草餅、そして、このシフォンです。
きれいな緑色に仕上がり、口に入れると、ふわっと春の香りが広がります。
よもぎはゆでて、冷凍しておくと便利です。

作り方 >p.21

Maple

メープルシフォンケーキ

メープルシロップは、天然の甘味料ならではのやさしい風味が特徴です。
シフォンケーキに混ぜると、ほのかに香る自然な甘味を味わえます。
うっすらメープル色に染まる生地は、風格を感じずにはいられません。

作り方 >p.21

桜シフォンケーキ

材料

	17cm	20cm
卵黄（L）	4個分	7個分
なたね油	50㎖	90㎖
牛乳	60㎖	100㎖
薄力粉	70g	120g
桜の花の塩漬け	12g	20g
卵白（L）	4個分	7個分
グラニュー糖	60g	100g
ホイップクリーム	適量	
桜の塩漬け（トッピング用）	適量	適量

焼き時間（180℃）

17cm	20cm
約25分	約30分

桜の中でも花びらが多く、色が濃い「関山」のみを使用し、食塩と梅酢で漬け込んだ完全無農薬の桜の花の塩漬け。水で洗ってから加えます。
入手先→富澤商店（p.96）

準備

・プレーンシフォンケーキ参照（p.10）。
・生地用の桜の花の塩漬けは水で洗い、水気をきり、粗く刻む。

作り方

1　卵黄生地を作る。ボウル（大）に卵黄を入れてなたね油を加えて泡立て器で混ぜ、人肌に温めた牛乳と桜の花の塩漬けを加えてさらに混ぜる。薄力粉を再度ふるいながら一度に加えて混ぜる。

2　p.11の要領で卵白とグラニュー糖を泡立て、メレンゲを作る。

3　卵黄生地にメレンゲの1/3量を加えて泡立て器で混ぜ、卵黄生地が残らないようにゴムベラで底から返す。

4　残りのメレンゲも2回に分けて加え、同様に混ぜ、再度ゴムベラで底から返す。

5　型に生地を流し入れ、ゴムベラで表面を平らにならし、180℃のオーブンで焼く。焼き上がったら逆さまにして冷ます。

6　型からはずしてホイップクリームを上面に塗り、桜の花の塩漬けを飾る。

よもぎシフォンケーキ

材料

	17cm	20cm
卵黄 (L)	4 個分	7 個分
なたね油	50㎖	90㎖
牛乳	35㎖	60㎖
よもぎ	25g	45g
（またはよもぎパウダー）	10g	18g

> よもぎパウダーの場合は、牛乳 60㎖ (17cm)、100㎖ (20cm) にかえる。

	17cm	20cm
薄力粉	70g	120g
塩	ひとつまみ	ひとつまみ
卵白 (L)	4 個分	7 個分
グラニュー糖	60g	100g

焼き時間 (180℃)

17cm **20cm**
約 25 分　約 30 分

準備

・プレーンシフォンケーキ参照 (p.10)。
> 粉と塩は一緒にふるっておく。

・よもぎはさっとゆでて水気を絞り、細かく刻む (a)。

作り方

1　卵黄生地を作る。ボウル (大) に卵黄を入れてなたね油を加えて泡立て器で混ぜ、人肌に温めた牛乳とよもぎを加えてさらに混ぜる。薄力粉を再度ふるいながら一度に加えて混ぜる。

2　p.11 の要領で卵白とグラニュー糖を泡立て、メレンゲを作る。

3　卵黄生地にメレンゲの1/3量を加えて泡立て器で混ぜ、卵黄生地が残らないようにゴムベラで底から返す。

4　残りのメレンゲも 2 回に分けて加え、同様に混ぜ、再度ゴムベラで底から返す。

5　型に生地を流し入れ、ゴムベラで表面を平らにならし、180℃のオーブンで焼く。焼き上がったら逆さまにして冷ます。

a

生のよもぎを入手できない場合は、粉末に加工したよもぎパウダーを使うと手軽。お菓子やパンのほか、ドリンクなどにも。

メープルシフォンケーキ

材料

	17cm	20cm
卵黄 (L)	4 個分	7 個分
なたね油	50㎖	90㎖
牛乳	25㎖	40㎖
メープルシロップ	40㎖	75㎖
薄力粉	70g	120g
卵白 (L)	4 個分	7 個分
グラニュー糖	40g	70g

メープルシロップは楓などの木から採取する樹液。天然であるがゆえ、種類によって味わいが異なります。入手先→富澤商店 (p.96)

焼き時間 (180℃)

17cm **20cm**
約 25 分　約 30 分

準備

・プレーンシフォンケーキ参照 (p.10)。

作り方

1　卵黄生地を作る。ボウル (大) に卵黄を入れてなたね油を加えて泡立て器で混ぜ、人肌に温めた牛乳とメープルシロップを加えてさらに混ぜる。薄力粉を再度ふるいながら一度に加えて混ぜる。

2　p.11 の要領で卵白とグラニュー糖を泡立て、メレンゲを作る。

3　卵黄生地にメレンゲの1/3量を加えて泡立て器で混ぜ、卵黄生地が残らないようにゴムベラで底から返す。

4　残りのメレンゲも 2 回に分けて加え、同様に混ぜ、再度ゴムベラで底から返す。

5　型に生地を流し入れ、ゴムベラで表面を平らにならし、180℃のオーブンで焼く。焼き上がったら逆さまにして冷ます。

Summer

夏のシフォンケーキ

鎌倉は山と海に囲まれている盆地です。夏になるとセミの声に山を仰ぎ、青い海の輝きに目を細め、さわやかな風に心地よさを感じます。そんな夏に食べたいシフォンケーキをご用意しました。ハーブシフォンは、さわやかな味わいですっきりとリフレッシュできます。旬の枝豆やアメリカンチェリーのシフォンは、この時期ならではの味わいです。シフォンケーキは冷凍保存ができますので、暑い日は半解凍でいただくのも新たな食感でよいものです。アイスクリームやフルーツ、ハーブなど、トッピングでも夏らしさを演出してみましょう。気温や湿度が上がるこの時期は、メレンゲの状態があまり思わしくありません。卵は冷蔵庫で直前まで冷やしたものを使い、メレンゲの温度が上がらないように注意しましょう。

ハーブシフォンケーキ

ラベンダー、ミント、矢車草、ローズ、タイムなどがブレンドされたものを使用。
ハーブとシフォンは、ミスマッチのようでじつは相性抜群です。
さわやかさが香る夏のイチオシ。クリームを添えてハーブを散らす食べ方がおすすめ。

Herb

作り方 >p.26

枝豆シフォンケーキ

夏の素材を探しているときに、ふと目にした枝豆。
ペースト状にして生地に混ぜたら、食欲をそそる淡い萌木色に仕上がりました。
ひとつまみ加えた塩がアクセントになり、あと引くおいしさです。

作り方 >p.27

Green soybean

作り方 >p.27

アメリカンチェリーのシフォンケーキ

お店の10周年記念シフォンを考えているときに手にした、アメリカンチェリー。
カットすると顔を出す赤い実が、宝石をちりばめたように華やか。
チェリーのお酒・キルシュワッサーを加えて、風味をプラスしました。

ハーブシフォンケーキ

材料

	17cm	20cm
卵黄 (L)	4個分	7個分
なたね油	50ml	90ml
ハーブ液	50ml	90ml
┌ ハーブティーの茶葉	大さじ1	大さじ1½
└ 水	70ml	120ml
ハーブティーの茶葉	ひとつまみ	ひとつまみ
薄力粉	70g	120g
卵白 (L)	4個分	7個分
グラニュー糖	70g	120g
ホイップクリーム	適量	
ハーブティーの茶葉	少々	

レシピは市場の一角にあるハーブ屋さん「ハーツイーズ」のオリジナルブレンド「リフレッシュ」を使用。お好みのものを探してみてください。

焼き時間 (180℃)

17cm	20cm
約27分	約32分

準備
・プレーンシフォンケーキ参照 (p.10)。
・ハーブ液を作る。鍋に茶葉と水を入れて火にかけ、沸騰したら弱火にして3分煮出す。茶こしでこし、分量のハーブ液を用意する。ひとつまみの茶葉は細かく砕いておく。

作り方
1　卵黄生地を作る。ボウル (大) に卵黄を入れてなたね油を加えて泡立て器で混ぜ、ハーブ液と砕いた茶葉を加えてさらに混ぜる。薄力粉を再度ふるいながら一度に加えて混ぜる。
2　p.11の要領で卵白とグラニュー糖を泡立て、メレンゲを作る。
3　卵黄生地にメレンゲの⅓量を加えて泡立て器で混ぜ、卵黄生地が残らないようにゴムベラで底から返す。
4　残りのメレンゲも2回に分けて加え、同様に混ぜ、再度ゴムベラで底から返す。
5　型に生地を流し入れ、ゴムベラで表面を平らにならし、180℃のオーブンで焼く。焼き上がったら逆さまにして冷ます。好みでホイップクリームを添え、茶葉を散らす。

枝豆シフォンケーキ

材料

	17cm	20cm
卵黄 (L)	4個分	7個分
なたね油	50㎖	90㎖
牛乳	25㎖	40㎖
枝豆 (正味)	70g	125g
薄力粉	70g	120g
塩	ひとつまみ	ひとつまみ
卵白 (L)	4個分	7個分
グラニュー糖	70g	120g

焼き時間 (180℃)

17cm　**20cm**
約26分　約30分

準備
・プレーンシフォンケーキ参照 (p.10)。
＞粉と塩は一緒にふるっておく。
・枝豆はゆでて豆をさやから出し、ペースト状にすりつぶす (a)。

作り方
1　卵黄生地を作る。ボウル (大) に卵黄を入れてなたね油を加えて泡立て器で混ぜ、人肌に温めた牛乳を加えてさらに混ぜる。枝豆のペーストを加えて混ぜ、薄力粉を再度ふるいながら一度に加えて混ぜる。
2　p.11の要領で卵白とグラニュー糖を泡立て、メレンゲを作る。
3　卵黄生地にメレンゲの1/3量を加えて泡立て器で混ぜ、卵黄生地が残らないようにゴムベラで底から返す。
4　残りのメレンゲも2回に分けて加え、同様に混ぜ、再度ゴムベラで底から返す。
5　型に生地を流し入れ、ゴムベラで表面を平らにならし、180℃のオーブンで焼く。焼き上がったら逆さまにして冷ます。

a

アメリカンチェリーのシフォンケーキ

材料

	17cm	20cm
卵黄 (L)	4個分	7個分
なたね油	50㎖	90㎖
牛乳	50㎖	90㎖
薄力粉	80g	140g
卵白 (L)	4個分	7個分
グラニュー糖	60g	100g
アメリカンチェリー	60g	100g
キルシュワッサー	大さじ1/2	大さじ1

焼き時間 (180℃)

17cm　**20cm**
約25分　約30分

準備
・プレーンシフォンケーキ参照 (p.10)。
・アメリカンチェリーは軸と種を取り、粗く刻み、キルシュワッサーをまぶす (a)。

作り方
1　卵黄生地を作る。ボウル (大) に卵黄を入れてなたね油を加えて泡立て器で混ぜ、人肌に温めた牛乳を加えてさらに混ぜる。薄力粉を再度ふるいながら一度に加えて混ぜる。
2　p.11の要領で卵白とグラニュー糖を泡立て、メレンゲを作る。
3　卵黄生地にメレンゲの1/3量を加えて泡立て器で混ぜ、卵黄生地が残らないようにゴムベラで底から返す。
4　残りのメレンゲも2回に分けて加え、同様に混ぜ、再度ゴムベラで底から返す。
5　アメリカンチェリーに薄力粉 (分量外) をまぶして余分な粉をふるいで落とし、さっくりとゴムベラで生地に混ぜる。
6　型に生地を流し入れ、ゴムベラで表面を平らにならし、180℃のオーブンで焼く。焼き上がったら逆さまにして冷ます。

a

Autumn

秋のシフォンケーキ

山も色づきはじめ、収穫の秋を迎えました。移りゆく夕焼け空の美しさに心を奪われます。お家では静かに読書をしたり、編みものなどの手仕事に向き合ったり、ゆったりと時間を使って秋の夜長を楽しみます。食欲の秋ですから、おいしいものもたくさん。こっくりとした焼き菓子も食べたくなる季節です。食後のティータイムは、温かいお茶を飲みながら、おしゃべりも楽しく弾むことでしょう。そんな秋のおともに食べていただきたいシフォンは、旬の味をたっぷりと堪能できる栗のシフォンと、リッチな気分にさせてくれるブランデーシフォン。自己主張はしないけれど、しっかりとそこに存在して味わうことができる。そんな言葉がぴったりの2品です。

作り方 >p.31

Marron

栗のシフォンケーキ

栗の甘露煮とマロンペーストを生地に混ぜ込み、相性抜群のラム酒も風味づけに。
こっくりした栗の甘味がぞんぶんに楽しめる、秋のシフォンに仕上げました。
カットしたとき均一に入るように、栗をまんべんなく散らして混ぜるのがポイントです。

ブランデーシフォンケーキ

ブランデーの種類によって風味が変わりますので、好みのものを見つけてみましょう。
カットしただけで、拡張高い芳醇な香りに酔いしれてしまいそうなほど。
味も香りも最高に贅沢なシフォンです。特別な日のおもてなしにもどうぞ。

Brandy

作り方 >p.31

栗のシフォンケーキ

材料

	17cm	20cm
卵黄（L）	4個分	7個分
なたね油	50㎖	90㎖
牛乳	50㎖	85㎖
マロンペースト	50g	90g
ラム酒	大さじ1/3	大さじ1/2
薄力粉	60g	110g
卵白（L）	4個分	7個分
グラニュー糖	65g	110g
栗の甘露煮	35g	60g

焼き時間（180℃）

17cm **20cm**
約27分　約33分

準備
・プレーンシフォンケーキ参照（p.10）。
・栗の甘露煮は粗く刻む（a）。

作り方
1　卵黄生地を作る。ボウル（大）に卵黄を入れてなたね油を加えて泡立て器で混ぜ、人肌に温めた牛乳、マロンペースト（b）、ラム酒を加えてさらに混ぜる。薄力粉を再度ふるいながら一度に加えて混ぜる。
2　p.11の要領で卵白とグラニュー糖を泡立て、メレンゲを作る。
3　卵黄生地にメレンゲの1/3量を加えて泡立て器で混ぜ、卵黄生地が残らないようにゴムベラで底から返す。
4　残りのメレンゲも2回に分けて加え、同様に混ぜ、再度ゴムベラで底から返す。
5　栗の甘露煮を散らして均一になるように混ぜる。
6　型に生地を流し入れ、ゴムベラで表面を平らにならし、180℃のオーブンで焼く。焼き上がったら逆さまにして冷ます。

ブランデーシフォンケーキ

材料

	17cm	20cm
卵黄（L）	4個分	7個分
なたね油	50㎖	90㎖
牛乳	15㎖	30㎖
ブランデー	60㎖	100㎖
薄力粉	70g	120g
卵白（L）	4個分	7個分
グラニュー糖	60g	100g

ブランデーは果実を原料とした蒸留酒のこと。コニャックやアルマニャックが代表的。レシピはCAMUSのVSOPをセレクトしました。

焼き時間（180℃）

17cm **20cm**
約28分　約33分

準備
・プレーンシフォンケーキ参照（p.10）。

作り方
1　卵黄生地を作る。ボウル（大）に卵黄を入れてなたね油を加えて泡立て器で混ぜ、人肌に温めた牛乳とブランデーを加えてさらに混ぜる。薄力粉を再度ふるいながら一度に加えて混ぜる。
2　p.11の要領で卵白とグラニュー糖を泡立て、メレンゲを作る。
3　卵黄生地にメレンゲの1/3量を加えて泡立て器で混ぜ、卵黄生地が残らないようにゴムベラで底から返す。
4　残りのメレンゲも2回に分けて加え、同様に混ぜ、再度ゴムベラで底から返す。
5　型に生地を流し入れ、ゴムベラで表面を平らにならし、180℃のオーブンで焼く。焼き上がったら逆さまにして冷ます。

Winter

冬のシフォンケーキ

しーんと家族が寝静まった冬の夜、もくもくとケーキを焼くひととき。誰にも邪魔されない私だけの至福の時間です。オーブンの熱で部屋が暖まり、焼き上がりを待つ間に、ホットジンジャーティーでティータイムなんて最高の贅沢ですね。季節により体が欲するものは変化します。寒い冬には体を温めてくれるしょうがと、香りよいアップルティーを合わせて冬のシフォンに仕上げました。おせち料理でおなじみの黒豆も、甘さと食感のバランスがよく、この時期におすすめ。シフォンは焼き菓子の中でも、気温や湿度にとくに左右されるデリケートなお菓子です。冬は器具も材料もすべてが冷えていますから、ボウルを湯せんにかけて人肌に温め、牛乳や油もいつもより高い温度に調整してください。

作り方 >p.35

Black soybean

黒豆シフォンケーキ

お店では正月に「福豆シフォン」としてお披露目しました。
生地を３回に分けて流し入れ、そのつど黒豆を入れることで、バランスがよくなります。
黒豆のほどよい甘さがやさしい風味のシフォン生地によく合います。

Apple tea & Ginger

アップルティージンジャーシフォンケーキ

アップルティーシフォンを作る予定が、間違ってジンジャーを加えてしまったことがあります。
焼いてみると、それがあまりにもおいしかったため、メニューに採用しました。
アップルの風味のおかげで香りも豊か。心も体もポカポカになるシフォンです。

作り方 >p.35

黒豆シフォンケーキ

材料

	17cm	20cm
卵黄（L）	4個分	7個分
なたね油	50㎖	90㎖
牛乳	60㎖	100㎖
薄力粉	70g	120g
卵白（L）	4個分	7個分
グラニュー糖	60g	100g
黒豆（製菓用）	45g	75g

＞ここでは黒豆に抹茶コーティングしたものを使用。

柔らかく煮た黒大豆に蜜を浸透させたあと乾燥させ、抹茶をコーティングしたもの。ほどよい甘さでそのまま食べてもおいしいです。入手先→富澤商店（p.96）

焼き時間（180℃）

17cm **20cm**
約25分　約30分

準備
・プレーンシフォンケーキ参照（p.10）。

作り方

1　卵黄生地を作る。ボウル（大）に卵黄を入れてなたね油を加えて泡立て器で混ぜ、人肌に温めた牛乳を加えてさらに混ぜる。薄力粉を再度ふるいながら一度に加えて混ぜる。

2　p.11の要領で卵白とグラニュー糖を泡立て、メレンゲを作る。

3　卵黄生地にメレンゲの⅓量を加えて泡立て器で混ぜ、卵黄生地が残らないようにゴムベラで底から返す。

4　残りのメレンゲも2回に分けて加え、同様に混ぜ、再度ゴムベラで底から返す。

5　型に生地の⅓量を入れて黒豆の½量をちらす。同様にくり返し、生地と黒豆を入れる。

6　ゴムベラで表面を平らにならし、180℃のオーブンで焼く。焼き上がったら逆さまにして冷ます。

アップルティージンジャーシフォンケーキ

材料

	17cm	20cm
卵黄（L）	4個分	7個分
なたね油	50㎖	90㎖
紅茶液	50㎖	90㎖
┃アップルティーの茶葉	大さじ1	大さじ2弱
┃水	80㎖	140㎖
しょうがのすりおろし	5g	10g
アップルティーの茶葉	ひとつまみ	ひとつまみ
薄力粉	80g	140g
卵白（L）	4個分	7個分
グラニュー糖	70g	120g

さっぱりとしたセイロン紅茶とキームン紅茶、アップルフレーバーをブレンドしたもの。りんごのさわやかな香りが広がります。入手先→富澤商店（p.96）

焼き時間（180℃）

17cm **20cm**
約27分　約32分

準備
・プレーンシフォンケーキ参照（p.10）。
・紅茶液を作る。鍋に茶葉と水を入れて火にかけ、沸騰したら弱火にして3分煮出す（**a**）。茶こしでこし、分量の紅茶液を用意する。ひとつまみの茶葉は細かく砕いておく。

作り方

1　卵黄生地を作る。ボウル（大）に卵黄を入れてなたね油を加えて泡立て器で混ぜ、紅茶液としょうが、砕いた茶葉を加えてさらに混ぜる。薄力粉を再度ふるいながら一度に加えて混ぜる。

2　p.11の要領で卵白とグラニュー糖を泡立て、メレンゲを作る。

3　卵黄生地にメレンゲの⅓量を加えて泡立て器で混ぜ、卵黄生地が残らないようにゴムベラで底から返す。

4　残りのメレンゲも2回に分けて加え、同様に混ぜ、再度ゴムベラで底から返す。

5　型に生地を流し入れ、ゴムベラで表面を平らにならし、180℃のオーブンで焼く。焼き上がったら逆さまにして冷ます。

Chapter 2

季節のお菓子

暑いときには軽やかでさっぱりとした清涼感のあるもの、
寒いときにはどっしりとした濃厚なもの、といったように、
お菓子にも季節によって食べたくなる味があります。
季節の行事やプレゼントにもおすすめのお菓子です。

Spring

春のお菓子

色とりどりの花やフルーツ。春はそんな華やかなものが似合います。この時期に作りたくなるお菓子も、ショートケーキ、シュークリーム、クッキーなど、どこか軽やかな雰囲気のものばかりです。春の代表といえばいちごです。どんな生菓子にもマッチしますので、ぜひ旬の時期にたくさん使ってみてください。ケーキのトッピングとしてはもちろん、ミキサーで生クリームとともに攪拌すれば、甘酸っぱくてクリーミーなババロアにもなります。行事も多いこの時期、お菓子を食べた方々の笑顔が力となり、次もがんばろうという気持ちにつながることでしょう。

作り方 >p.40

Shortcake

ひな祭りのショートケーキ

いちごを丸ごとサンドした、ボリュームたっぷりの贅沢なショートケーキ。
スポンジのシート焼きは10分と短時間で焼けるので、ラウンド型よりも手軽です。
いちごの切り口をきれいに見せ、おひな様を飾ってお祝いを演出しました。

ひな祭りのショートケーキ

材料　25cm×29cm×高さ3cmの紙型1台分
<スポンジ生地>
　食塩不使用バター　20g
　菜種油　大さじ1
　牛乳　大さじ1
　全卵（L）　3個（約170g）
　卵黄（L）　1個分（約18g）
　上白糖　80g
　薄力粉　75g
<シロップ>
　水　25mℓ
　上白糖　12g
　ラム酒　大さじ½
<ホイップクリーム>
　生クリーム　300mℓ
　グラニュー糖　大さじ3
<トッピング>
　いちご　1パック
　生クリーム　適量
　食紅（ピンク）・抹茶　各少々
　マジパンのおひな様（p.91）　1組

準備
・薄力粉を高い位置から2度ふるう。
・生地用の上白糖は1度ふるう。
・オーブンは天板（下段）に湯を張り、200℃に予熱する。
・新聞紙で型を作り（p.95）、わら半紙（またはオーブンシート）を敷く（a）。
・シロップを作る。水と上白糖を鍋に入れて火にかけ、沸騰したら火からおろして冷まし、ラム酒を加える。

作り方
<スポンジ生地>

1　バター、菜種油、牛乳をボウルに入れ、湯せんにかけて溶かす（または電子レンジで加熱してもよい）。

2　別のボウルに卵、卵黄、上白糖を入れ、泡立て器で軽く混ぜ合わせる。

3　2を湯せんにかけ（人肌になるまで温めたらはずす）、高速のハンドミキサーで一気に混ぜる（b）。
> 卵が冷たいと泡立ちにくく、生地のふくらみが悪くなります。湯せんで温めることでふくらみやすい生地になります。

4　生地を持ち上げて泡立て器の中で一瞬とどまるくらいのかたさになったら（c）、低速で1分混ぜてゆっくりとキメをととのえる。

5　4に薄力粉を再度ふるいながら加え（d）、ゴムベラでさっくりと混ぜる。

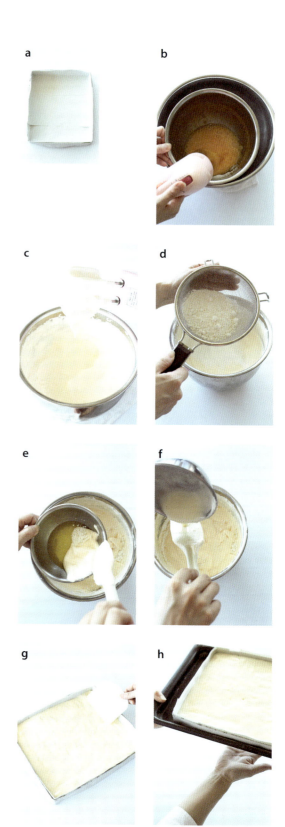

40

6 　1のボウルの中に5の生地をひとすくい入れ、よくなじませる（**e**）。
> 混ぜすぎは生地の仕上がりに影響するため、先に少量を混ぜてなじませ、混ぜる回数を少なくします。

7 　6をゴムベラで受けながら5のボウルに少しずつもどし（**f**）、だまがなくなるまで大きく混ぜ合わせる。

8 　型に流し入れ、カードで平らにならす（**g**）。
> 高い位置から生地を流し入れると空気抜きになります。

9 　天板にのせて、底を2〜3回たたいて空気抜きをし（**h**）、200℃のオーブン（上段）で10分焼く。紙をつけたまま逆さまにし、網にのせて冷ます。
> 逆さまにしておくと、生地の中の湿気や重みが均一になります。

＜仕上げ＞

10 　26cm×15cmの対角線を引き、ひし形に切った紙を2枚用意し、型からはずしたスポンジ生地の上に置く（**i**）。紙に合わせてひし形にカットし、余分なところを切り落とす。焼き面を上にして刷毛でシロップを2枚とも塗る。

11 　生クリームにグラニュー糖を加えて8分立てに泡立て、ホイップクリームを作る。絞り袋（口金は片ムカデ p.95）に入れ、1本ずつ絞り出す（**j**）。

12 　いちごはヘタを切り、切り口を外側に向けて並べる。隙間にクリームを埋め（**k**）、再び1本ずつクリームを絞り（**l**）、もう1枚のスポンジ生地を焼き面を下にして重ねてサンドする。

13 　表面にもシロップを塗ってクリームを絞り、いちごを隠すように側面にも絞り（**m**）、パレットナイフで表面を平らにならす。冷凍庫でまわりが固まるまで冷やす。
> カットしたときに穴ができないように側面の隙間をクリームでしっかり埋めておきます。
> 冷凍庫で冷やすことで切りやすくなります。

14 　ケーキの側面を温めたナイフで切り落とし、いちごの切り口を見せる（**n**）。

15 　トッピング用の生クリームに食紅と抹茶をそれぞれ加えて8分立てに泡立て、ピンクとグリーンのホイップクリームを作る。グラシン紙で絞り袋を作り（p.44の作り方8参照）、クリームをそれぞれ入れて表面に絞る（**o**）。マジパンのおひな様を飾る。

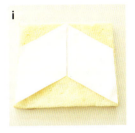

Cygne-chou à la crè...

シュークリーム・スワンシュー

子どもも大人も大好きなシュークリームは、可愛らしいスワンシューとともにどうぞ。
シュー皮のふくらみは生地が命。色つやがよく、適度なかたさに仕上げることがポイント。
カスタードと生クリームの2層のクリームは、上品な甘さで飽きのこない味わいです。

作り方 >p.44

パリブレスト

フランスで、パリからブレストという都市間で自転車レースが行なわれた際に、その道中にあったケーキ屋さんが自転車のタイヤをイメージして作ったケーキです。シュークリームと同じレシピで作れます。中には好きなフルーツをサンドして。

作り方 >p.44

シュークリーム・スワンシュー・パリブレスト

材料　丸形・スワン各4個、パリブレスト1個分
<シュー皮>
　水　90㎖
　食塩不使用バター　40g
　塩　小さじ½
　薄力粉　70g
　全卵(L)　約2個（約115g）
<カスタードクリーム>
　牛乳　300㎖
　上白糖　60g
　バニラビーンズ　¼本
　卵黄(L)　3個分（約55g）
　薄力粉　28g
　食塩不使用バター　20g
　ラム酒　大さじ½弱

<ホイップクリーム>
　生クリーム　100㎖
　グラニュー糖　大さじ1
<トッピング>
　いちご（大）　約2個
　キウイ　約½個
　アーモンドスライス　適量
　粉砂糖　適量

準備
・シュー皮用の薄力粉は2度ふるう。
・天板にオーブンシートを敷き、オーブンは190℃に予熱する。

作り方
<シュー皮>
1　鍋に水、バター、塩を入れて中火にかけ、沸騰したら火からおろす。
2　1に薄力粉を一度に加え（**a**）、木べらで手早く混ぜる。
> 粉に熱が入って煮上がってしまうので、一度火からおろして加えます。

3　粉っぽさがなくなったら再度中火にかけ、1分弱木べらでよく練り（**b**）、つやが出てまとまったら火からおろす。
4　溶いた卵の⅓量を3に加えて混ぜ（**c**）、完全に混ざったら残りを少しずつ加えてまとまるまで混ぜる。生地を持ち上げてゆっくり落ちるくらいのかたさにする（**d**）。
> 卵は生地の状態を見ながら少しずつ加えてください。生地の状態により、卵の使用量は変わります。固すぎる場合は卵を追加します。

5　絞り袋（口金は1cmの丸型）に生地を入れ、天板に絞り出す。パリブレストは直径17cmの円を絞り、内側にもう一周絞り（**e**）、さらに上に重ねて一周絞る。普通のシュークリームは直径4cmくらいに、スワンは長さ5.5cmの卵形になるように絞る。
6　生地に霧吹きで水をふきかけ、パリブレストにはアーモンドを散らす（**f**）。
7　190℃のオーブンで15分焼き、150℃に下げてさらに10分焼く。
> ふくらんだ生地がしぼんでしまうため、途中でオーブンを開けないこと。

8　グラシン紙で絞り袋を作り（**g**）、生地を入れてスワンの首を2の字に絞り出し、先端は顔とくちばしを描く（**h**）。190℃のオーブンで5分焼く。
> グラシン紙は対角線上に切り、長い辺を上にして持ち、中心より少し右を絞り口にして端から丸めます。巻き終わりをテープで留め、生地を入れて先端を細く切ります。

<カスタードクリーム>

9　バニラビーンズは縦に切り込みを入れ、中の種をナイフの背でこそぎ取る。

10　牛乳、上白糖の½量、9のバニラビーンズの種とさやを鍋に入れ、沸騰直前まで温めたら火を止め、ふたをして30分置く。

11　ボウルに卵黄と残りの上白糖を入れて泡立て器で混ぜ、薄力粉も加えて混ぜる。

12　11に10を少しずつ加えながら混ぜ（i）、こし器でこして再度鍋に戻し（j）、中火でつやが出るまで木べらで混ぜながら煮る。

13　粗熱を取り、バター、ラム酒を加えて混ぜる（k）。

<仕上げ>

14　シュー皮の上⅓をカットする。スワンはカットした上部をさらに縦半分に切り、羽を作る。

15　カスタードクリームを絞り袋（口金は1cmの丸型）に入れて中に絞る（l）。

16　生クリームにグラニュー糖を加えて8分立てに泡立て、ホイップクリームを作る。絞り袋（口金は星型 p.95）に入れ、カスタードの上に絞る（m）。パリブレストは波形に絞り、一口大に切ったいちごとキウイをのせる。

17　スワンは14の羽をのせて8の首を差し込む（n）。スワン以外は上部の皮をかぶせ、粉砂糖をふる。

Strawberry bavarian cream

いちごのババロア

さっぱりとした、春の香りたっぷりのババロア。ミキサーで簡単に作れます。
ジャムなどに使う、不揃いのいちごでもOK！ 小さなカップで作ったり、
パウンド型に薄いスポンジを敷いて流し入れたり、アレンジもお楽しみください。

材料　直径18cmのエンゼル型1台分
いちご　260g（1パック弱）
牛乳　200㎖
上白糖　90g
粉ゼラチン　10g
水　80㎖
生クリーム　200㎖
＜トッピング＞
　生クリーム・いちご　各適量

作り方
1　粉ゼラチンは水にふり入れ、ふやかしておく。
2　鍋に牛乳、上白糖を入れて火にかけ、温まったら1を加え、溶けたら冷ましておく。
3　ミキサーに生クリーム、ヘタを取ったいちごを入れ、クリーム状になるまで撹拌する。
4　3に2を加え、再度とろみがつくまで撹拌する。
5　水で濡らした型に流し入れ、冷蔵庫で冷やし固める。
6　型からはずし、8分立てに泡立てた生クリームを絞り、一口大に切ったいちごを飾る。

アイスボックスクッキー

カラフルな11種類のクッキー。材料をアレンジするだけで作り方は同じです。
生地は棒状に成形してから冷凍可能なので、たくさん仕込んでおくのも便利。
焼きたてのクッキーは手作りならではの最高の贅沢ですね。

Icebox cookie

作り方 >p.50

アイスボックスクッキー

材料　直径約3cm 各40枚分
＜プレーン生地＞
　食塩不使用バター　80g
　粉砂糖　60g
　卵黄 (L)　1個分 (約18g)
　A ┬ 薄力粉　150g
　　└ 塩　小さじ⅓
＜ココア生地＞
　食塩不使用バター　80g
　粉砂糖　60g
　卵黄 (L)　1個分 (約18g)
　A ┬ 薄力粉　140g
　　├ ココア　10g
　　└ 塩　小さじ⅓
＜抹茶生地＞
　食塩不使用バター　80g
　粉砂糖　60g
　卵黄 (L)　1個分 (約18g)
　A ┬ 薄力粉　140g
　　├ 抹茶　大さじ1
　　└ 塩　小さじ⅓

準備
・バターは室温で柔らかくなるまでもどす。
・Aは合わせてふるう。
・オーブンは160℃に予熱する。

基本の作り方　※eとfの写真はかぼちゃ (p.51) の生地です。

1　バターをボウルに入れ、泡立て器で混ぜてクリーム状にする。
2　粉砂糖を2回に分けて加えてそのつどよくすり混ぜ (**a**)、卵黄も加えて混ぜる (**b**)。
3　Aを再度ふるいながら2回に分けて加え (**c**)、そのつどゴムベラでさっくりと混ぜる (**d**)。
4　好きな形に成形し (p.51参照)、直径約3cmの棒状にしてラップで包み (**e**)、冷蔵庫で冷やし固める。
5　8mm厚さにカットし (**f**)、天板に並べる。
> 均等に熱が入るように厚さを揃えてカットします。

6　天板にオーブンシートを敷き、160℃のオーブンで10〜15分焼き、網にのせて冷ます。

アレンジクッキーの作り方

<ハーブ>
プレーン生地を作り、工程5で天板に並べたら、ローズマリーやミントの葉の裏に卵白少々をつけ、貼りつける。

<えごま>
プレーン生地を作り、工程3でAを加えたあとにえごま大さじ1を混ぜる。

<シナモン>
プレーン生地の材料Aにシナモンパウダー大さじ1を加え、粉類と合わせてふるう。

<アーモンド>
ココア生地を作り、工程3でAを加えたあとにスライスアーモンド20gを混ぜる。

<ココナッツ>
ココア生地を作り、工程3でAを加えたあとにココナッツロング大さじ2を混ぜる。

<かぼちゃ>
プレーン生地を作り、工程3でAのあとにペースト状につぶしたかぼちゃ25gを混ぜる（a）。工程5で天板に並べたら、パンプキンシードをトッピングする。

<マーブル>
プレーン生地とココア生地または抹茶生地を用意する。工程4でプレーン生地にココア生地または抹茶生地をのせ、マーブル状になるように混ぜながら成形する。

<市松>
1　プレーン生地とココア生地を用意する。ココア生地の2/3量をラップではさみ、麺棒で2〜3mm厚さのシート状に伸ばす。残りのココア生地とプレーン生地をそれぞれ10cm×1.5cmくらいの棒状にして一度冷やす（b）。
2　棒をそれぞれ縦4等分にカットし（c）、2本ずつ縦につなげ、交互に並べて市松になるように組み立てる（d）。
3　1のシートの端を切り落とし、2を手前にのせて巻く。巻き終わりの余分な生地を切り落とし、ラップで包んで冷蔵庫で冷やし固める。以降は基本の作り方と同じ。

<渦巻き>
1　プレーン生地とココア生地を用意する。それぞれの生地をラップではさみ、麺棒で2〜3mm厚さのシート状に伸ばして一度冷やす（e）。
2　上面のラップをはずしてココア生地の上にプレーン生地をのせ、手前からラップごと持ち上げ、巻く（f）。ラップで包み、冷蔵庫で冷やし固める。以降は基本の作り方と同じ。

ハーブ　　えごま　　シナモン
ココナッツ　アーモンド　かぼちゃ
マーブル　　市松　　渦巻き

a　　b

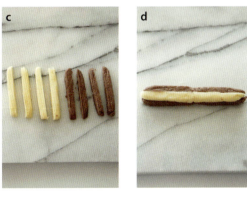

c　　d

e　　f

Summer

夏のお菓子

太陽の光が燦々と降りそそぐ夏は、心も体も外に向いて開放的になる季節です。夏に旬を迎える野菜や果物はカラフルなものが多く、私たちの目を楽しませてくれます。そんな暑い日にぴったりの清涼感のあるお菓子を紹介します。チーズケーキは、レモンの酸味をきかせてさっぱりとした仕上がりにしました。ブルーベリーやアメリカンチェリーのジューシーな味わいは、体をシャキッと目覚めさせてくれます。さわやかなキャロットゼリーは、前菜代わりに召し上がっていただくのもよいでしょう。お菓子のおとものドリンクも、涼しさの演出を忘れずに。ジュースを炭酸で割ったり、アイスミントティーにレモンを添えたり……。夏のティータイムで至福のひとときをお過ごしください。

レアチーズケーキ

Rarecheesecake

レアチーズケーキは、
ひと手間かけて土台を作ると、
ぐっとグレードアップします。
クリームチーズの種類で
仕上がりが変わるため、
好みの味を追求するのも楽しいです。
チョコレートで生葉をかたどり、
見た目にもさわやかさをプラスして。

作り方 >p.54

レアチーズケーキ

材料 直径18cmの丸型 1 台分

<土台>
　食塩不使用バター　35g
　グラニュー糖　10g
　牛乳　大さじ 1
　A┌薄力粉　30g
　　├強力粉　30g
　　└塩　小さじ¼

<クリーム>
　┌粉ゼラチン　5g
　└水　大さじ 2 と½
　生クリーム　100mℓ
　クリームチーズ　250g
　サワークリーム　100g
　グラニュー糖　50g
　レモン汁　25mℓ（約½個分）

<トッピング>
　生葉　適量
　製菓用チョコレート
　　（ホワイト）適量
　生クリーム　適量
　抹茶・ココア　各少々
　ブルーベリー・
　　ラズベリー　各 8 個
　粉砂糖　適量

準備
・バター、クリームチーズは室温で柔らかくなるまでもどす。
・A は合わせてふるう。
・粉ゼラチンは水をふり入れ、ふやかしておく。
・オーブンは 180℃に予熱する。

作り方
<土台>

1　バターをボウルに入れ、泡立て器で混ぜてクリーム状にする（**a**）。
2　グラニュー糖を加えて混ぜ、牛乳も少しずつ加えてよく混ぜる。
3　A を 2 回に分けて加え、ゴムベラでさっくりと混ぜる（**b**）。
4　ひとかたまりにまとめ、ビニール袋に入れる。
5　型の底板の上に **4** を置き、袋の上から麺棒で型よりもひとまわり小さく伸ばす（**c**）。冷蔵庫で 1 時間以上休ませる。
6　底板に生地を敷き（**d**）、フォークで穴をあけてピケをし（**e**）、180℃のオーブンで 20 分焼く。

土台をグラハムクラッカーで作る場合

材料 直径18cmの丸型 1 台分
グラハムクラッカー　75g
食塩不使用バター　50g

作り方
ビニール袋にクラッカーを入れ、袋の上から麺棒をころがして細かく砕く。溶かしたバターを加えて混ぜ、型の底に敷き込む。

<クリーム>

7　ボウルに生クリームを入れ、6〜7分立てに泡立てる（**f**）。

>生地に加えてさらに混ぜるのでゆるめに仕上げます。ここで泡立てすぎるとかたくなって流し入れにくくなるので注意。

8　別のボウルにクリームチーズを入れ、柔らかくなるまで泡立て器で混ぜる（**g**）。

9　グラニュー糖を加え、サワークリームも加えてよく混ぜる。

10　ふやかしたゼラチンを電子レンジで溶かして加え、レモン汁、7のクリームも加えて混ぜる。

11　土台を敷いた型に流し入れてカードで表面を平らにならし、好みで模様をつけ（**h**）、冷蔵庫で1時間ほど冷やし固める。

<仕上げ>

12　ホワイトチョコを湯せんで溶かし、½量に抹茶を加えて混ぜる。

13　生葉は洗って水気をよくふき、裏側にホワイトチョコを少々塗り（**i**）、上から抹茶色のチョコを塗る。冷蔵庫で冷やし固め、そっと葉をはがす（**j**）。

14　生クリームに水で溶いたココアを加え、8分立てに泡立てる。グラシン紙で作った絞り袋（p.44の作り方8参照）にクリームを入れ、**11**の表面に絞り出してつるを描く。

15　**13**、ブルーベリー、ラズベリーを飾り、粉砂糖をふる。

Blueberry tart

ブルーベリータルト

甘酸っぱいブルーベリーと、生クリーム、カスタードクリームがたっぷり。
味のバランスが抜群で、夏に食べたくなるイチオシのタルトです。
ほかにいちごやマンゴー、メロンなど、季節のフルーツでお楽しみいただけます。

作り方 >p.60

Clafoutis aux ceries

クラフティー・スリーズ

生のアメリカンチェリーならではのジューシーさが、口の中いっぱいに広がります。
キルシュワッサーに漬けることで、風味がより一層引き立ちます。
この漬け汁は炭酸水で割れば、おしゃれなアルコールドリンクとしても楽しめます。

作り方 >p.61

タルト生地の作り方

具材に使う素材の味を最大限にいかすよう各々の配合を変えています。
生地量と具材の量のバランスもおいしさの基本です。

①材料　直径18cmのタルト型（深）1台分
> ブルーベリータルト（p.60）・
　クラフティー・スリーズ（p.61）
食塩不使用バター　70g
牛乳　小さじ2
全卵　25g
A・薄力粉　55g
　強力粉　55g
　グラニュー糖　10g
　塩　小さじ½弱

②材料　直径20cmのタルト型（浅）1台分
> ラ・フランスのタルト（p.66）
食塩不使用バター　65g
全卵　40g
A・強力粉　30g
　薄力粉　70g
　塩　小さじ⅓

> パンプキンタルト（p.67）
食塩不使用バター　65g
牛乳　大さじ1
卵黄（L）　1個分（約18g）
A・強力粉　25g
　薄力粉　70g
　グラニュー糖　20g
　塩　小さじ⅓

1

バターは室温で柔らかくなるまでもどす（指で簡単に押せるくらいまで）。Aは合わせてふるう。

2

ボウルにバターを入れ、泡立て器でクリーム状になるまで混ぜる。

3

牛乳と卵を混ぜたもの（ラ・フランスの生地は溶いた卵）を少しずつ加え、マヨネーズ状になるまで混ぜる。

4

Aの½量を加え、粉っぽさが少し残るくらいまで混ぜる。

5

残りのAを加え、同様に混ぜる。

6

生地をビニール袋に入れ、丸く形をととのえる。

7

そのまま冷蔵庫で一晩休ませる。

8

強力粉少々（分量外）で打ち粉をした台に生地を置き、生地の上にも打ち粉をふり、刷毛で余分な粉を落とす。麺棒で厚さ3mmの円形に伸ばす。
> あれば厚さ3mmの板を両脇に置くと均等に伸ばしやすいです。

9

生地を裏返して90度回転させ、再び伸ばして厚さを均一にする。

10

生地を向こう側から麺棒に巻きつける。

11

タルト型の上に生地を置いて広げ、型にかぶせる。

12

生地を底に敷き込み、側面も型に合わせて立てる。

13

生地がぴったりつくように指でととのえ、型の上で麺棒をころがし、余分な生地を切り落とす。

14

フォークで穴をあけてピケをし、冷蔵庫で1時間以上休ませる。

59

ブルーベリータルト

材料　直径18cmのタルト型（深）1台分

<タルト生地>
食塩不使用バター　70g
牛乳　小さじ2
全卵　25g
A ┌ 薄力粉　55g
　├ 強力粉　55g
　├ グラニュー糖　10g
　└ 塩　小さじ1/2弱

<カスタードクリーム>
牛乳　200㎖
上白糖　40g
バニラビーンズ　1/4本
卵黄（L）2個分（約36g）
薄力粉　28g
食塩不使用バター　15g
キルシュワッサー　小さじ2

<ホイップクリーム>
生クリーム　100㎖
グラニュー糖　大さじ1

<つや天>
水　500㎖
粉寒天　4g
上白糖　60g

<トッピング>
ブルーベリー　100〜130g
粉砂糖　適量

a　　　　b

準備
・オーブンは180℃に予熱する。重しは一緒に温めておく。

作り方

1　p.58〜59の要領でタルト生地を作る。冷蔵庫から出して10分置いたあと、アルミホイルを敷いて重しをのせ（a）、180℃に温めたオーブンで15分焼く。重しを取ってさらに15分焼き（b）、型のまま網にのせて冷ます。p.45の要領でカスタードクリームを作り、3に流し入れる。

2　ボウルに生クリームを入れてバニラシュガーを加え、8分立てに泡立てる。

3　2を絞り袋に入れて（口金は星形 p.95）1のカスタードクリームの上全面に絞り、ブルーベリーを飾る（仕上げ用のクリームは残しておく）。

4　つや天を作る。水と粉寒天を鍋に入れて火にかけ、沸騰したら上白糖を加えて溶かす。

> つや天とは寒天と砂糖を水で溶かしたもの。フルーツなどのつや出しに使われます。残りのつや天にフルーツ等を入れて固めれば、さわやかなゼリーになります。

5　4を3のブルーベリーに刷毛で塗り、ブルーベリーの隙間にさらに仕上げ用2のクリームを絞り、粉砂糖をふる。

クラフティー・スリーズ

材料　直径18cmのタルト型（深）1台分
＜タルト生地＞
　食塩不使用バター　70g
　牛乳　小さじ2
　全卵　25g
　A ┌ 薄力粉　55g
　　│ 強力粉　55g
　　│ グラニュー糖　10g
　　└ 塩　小さじ½弱（2g）

＜クリーム＞
　全卵　75g
　グラニュー糖　60g
　強力粉　小さじ2
　バニラビーンズ　⅙本
　サワークリーム　40g
　牛乳　40ml
　キルシュ　大さじ⅔

＜シロップ漬け＞
　アメリカンチェリー　250g
　キルシュ　40ml
　グラニュー糖　5g
　レモン汁　5g（¼個分）

準備
・オーブンは180℃に予熱する。重しは一緒に温めておく。

作り方
1　p.58〜59の要領でタルト生地を作る。冷蔵庫から出して10分置いたあと、アルミホイルを敷いて重しをのせ（p.60の作り方2参照）、180℃に温めたオーブンで15分焼く。重しを取って溶いた卵（分量外）を塗り、さらに5分焼き、型のまま網にのせて冷ます。

2　シロップ漬けを作る。チェリーは包丁で縦に切り込みを入れて種を取り除く（a）。ボウルにすべての材料を入れ、表面をラップで覆い、2時間以上漬ける。
> チェリーは丸ごと飾るので切り離さないように注意。あれば種抜き器（b）を使うと便利。

3　クリームを作る。全卵をボウルに入れてグラニュー糖を加えて混ぜ、強力粉も加えて混ぜる。

4　バニラビーンズは縦に切り込みを入れて種をこそぎ取り、さやとともに鍋に入れ、サワークリームを加えて火にかける。泡立て器で混ぜながら、牛乳を少しずつ加え、沸騰したらすぐに火からおろす。

5　バニラビーンズのさやを取り出し、3のボウルに泡立て器で混ぜながら少しずつ加え、キルシュを加える。

6　チェリーのシロップ漬けの汁気をきって1に敷き詰め（c）、5を流し入れる。
> 種を取ったときの切り口は下か横にし、表面に見えないように並べます。

7　180℃に温めたオーブンで30分焼く。

キャロットゼリー

みかんの缶詰を加えるため、にんじん特有の臭みがなく、さわやかなお味です。
デザートにはもちろん、前菜としても楽しめます。
甘味のある新にんじんは、とくにおすすめ。葉っぱも飾ればアクセントになります。

材料　直径18cmのエンゼル型1台分
A にんじん（正味）　150g
　水　180ml
　上白糖　80g
B 粉寒天　4g
　水　150ml
みかん（缶詰）　小1缶（200g）
レモン汁　大さじ2
オレンジキュラソー　大さじ1（あれば）
＜トッピング＞
　にんじんの葉　少々（あれば）

作り方
1　にんじんは皮をむき、3mm厚さの薄切りにする。
2　Aを鍋に入れて火にかけ、にんじんが柔らかくなるまで煮る。
3　別の鍋にBを入れて火にかけ、沸騰したら火からおろす。
4　2の粗熱を取り、みかんと缶詰の汁（全量）をミキサーに入れ、なめらかになるまで攪拌する。
5　3の鍋に4、レモン汁、あればオレンジキュラソーを加えて混ぜ合わせる。
6　水で濡らした型に流し入れ、冷蔵庫で冷やし固める。あればにんじんの葉を飾る。

Autumn

ラ・フランスのタルト　　Tarte au poire

鎌倉しふぉんの前身「café あおい」をオープンした当日のメニューです。
完熟したラ・フランスからは果汁があふれ、アーモンドクリームとのバランスも絶妙。
缶詰では決して出せない秋限定の贅沢なタルトです。

作り方 >p.66

秋のお菓子

おいも掘りやぶどう狩り、栗拾いにりんご狩り……。芸術の秋、行楽の秋、そして収穫の秋です。食にしっかり向き合いたい季節でもありますね。鎌倉の市場には秋の野菜や果物が山積み。ついつい食いしん坊になって、あれもこれも食べたくなってしまいます。その中からセレクトした旬の素材でお菓子を作りました。生のラ・フランスを使って作るタルト。口に入れるとジュワッと果汁がしたたるこの味は、この時期だけ味わえるとっておきのごちそうです。りんごは紅玉が出まわる頃です。かぼちゃも、ホクホクのぼっちゃんかぼちゃがおすすめ。よい素材を使うとお菓子の味が断然違いますので、ぜひ吟味してよいものを入手してみてください。秋の夜長にケーキをおともに語らうのも粋なものです。

Pumpkin tart

パンプキンタルト

ホクホクのかぼちゃは、おかずとしてだけでなく、お菓子でも出番が多い万能野菜。
しっとりとした濃厚な味わいは食べごたえがあり、お惣菜にもなるタルトです。
皮の緑をちょっぴり残しておくと、カットしたときに彩りのアクセントになります。

作り方 >p.67

ラ・フランスのタルト

材料 直径20cmのタルト型（浅）1台分

＜タルト生地＞
食塩不使用バター　65g
全卵　40g
A・強力粉　30g
　・薄力粉　70g
　・塩　小さじ⅓

＜アーモンドクリーム＞
食塩不使用バター　50g
グラニュー糖　50g
全卵　50g
B・アーモンドプードル　50g
　・薄力粉　大さじ1

＜トッピング＞
ラ・フランス　小2個
あんずジャム　大さじ2
ブランデー　大さじ½
水　大さじ½

準備
・アーモンドクリームのバターは室温で柔らかくなるまでもどす。
・Bは合わせてふるう。
・オーブンは180℃に予熱する。

作り方

1　p.58〜59の要領でタルト生地を作る。
2　アーモンドクリームを作る。バターをボウルに入れ、泡立て器で混ぜてクリーム状にする。
3　グラニュー糖を2回に分けて加え、溶いた卵を少しずつ加えて混ぜる（**a**）。
4　Bを一度に加え、ゴムベラでさっくりと混ぜる（**b**）。
5　冷蔵庫から出して10分置いたタルト生地に4のアーモンドクリームを流し入れる。
6　ラ・フランスは皮をむいて半分に切り、1個を12等分にする（**c**）。5の上に並べ（**d**）、180℃のオーブンで30分焼く。
＞ラ・フランスが余ったら適当な大きさにカットして中心に並べます。

7　あんずジャムを裏ごしし、ブランデー、水を加えて混ぜる（**e**）。
＞ジャムは粒が残るので裏ごしをして使用。ブランデーで香りづけをし、水で濃度を調整します。

8　焼き上がった6に7を刷毛で熱いうちに塗り（**f**）、つやを出す。
＞熱いうちにジャムを塗ると、しっかり中にしみ込みます。

a

b

c

d

e

f

パンプキンタルト

材料 直径20cmのタルト型（浅）1台分

<タルト生地>
　食塩不使用バター　65g
　牛乳　大さじ1
　卵黄 (L)　1個分（約18g）
　A ┌ 強力粉　25g
　　├ 薄力粉　70g
　　├ グラニュー糖　20g
　　└ 塩　小さじ1/3

<パンプキンクリーム>
　かぼちゃ（正味）　200g
　全卵　85g
　上白糖　50g
　生クリーム　100㎖

a

準備
・オーブンは180℃に予熱する。

作り方

1　p.58〜59の要領でタルト生地を作る。

2　パンプキンクリームを作る。かぼちゃは一口大に切り、好みで皮をところどころむく（**a**）。柔らかくなるまでゆでて粗くつぶす。
＞完全につぶさずに形が残るくらいにします。皮を少し残すと色のアクセントになります。

3　全卵をボウルに割り入れ、上白糖を加えて混ぜる。生クリームを加え、**2**のかぼちゃも加えて混ぜ合わせる。

4　冷蔵庫から出して10分置いたタルト生地に**3**のパンプキンクリームを流し入れ、180℃のオーブンで30〜40分焼く。
＞上火が強いときは途中で焦げないようにアルミホイルで覆ってください。

ガトーショコラ

失敗しにくく、焼きっぱなしでよいので、初心者にはうってつけのお菓子。
たっぷりのチョコレート、バター、生クリーム、ココア。
小麦粉は少量なので真ん中はへこんでOKです。すっきりした上品な甘さに仕上げました。

Gâteau au chocolat

材料　直径18cmの丸型1台分
製菓用チョコレート（スイート）　90g
食塩不使用バター　70g
生クリーム　60ml
卵黄（L）　3個分（約55g）
グラニュー糖　70g
メレンゲ
├ 卵白（L）　3個分（約115g）
└ グラニュー糖　45g
A ├ 薄力粉　25g
　└ ココア　45g
粉砂糖　適量

準備
・紙などを敷き、Aを合わせて高い位置から2度ふるう。
・生地のグラニュー糖は1度ふるう。
・チョコレートとバターをボウルに入れ、湯せんにかけて溶かす。
・型にオーブンシートを敷き、オーブンは160℃に予熱する。

作り方
1　溶かしたチョコレートとバターに生クリームを加えて混ぜる。
2　別のボウルに卵黄を入れてグラニュー糖を加え、泡立て器で混ぜる。
3　2を湯せんにかけて人肌になったらはずし、だまがなくなるまで泡立てたら、1を一度に加えて混ぜる（**a**）。
4　メレンゲを作る。別のボウルに卵白を入れ、ハンドミキサーで泡立てる。白くもったりしてきたら、グラニュー糖を2回に分けて加え、角がおじぎをするくらいのかたさになるまで泡立てる（**b**）。
5　3のボウルにメレンゲの⅓量を加え、泡立て器で混ぜる（**c**）。
＞生地は混ぜすぎないように、8割くらい混ざったところで次の材料を加えます。
6　Aの½量をふるいながら加え（**d**）、ゴムベラに替えて混ぜる（**e**）。
7　同様に残りのメレンゲの半量、残りのA、残りのメレンゲの順に入れ、そのつど混ぜ合わせる。
＞メレンゲと粉を交互に加えることで均等に混ざりやすく、混ぜる回数が少なくて済みます。
8　型に高い位置から生地を流し入れ、空気抜きを2〜3回して160℃のオーブンで40分焼く。冷めたら粉砂糖をふる。

作り方 >p.72

Banana cake

バナナケーキ

完熟したバナナを見ると、このバナナケーキを無性に作りたくなります。
パウンドケーキより薄く焼き、食べる前に再度トースターで焼きます。
中はジューシー、外はカリッと。バニラアイスを添えるのがおすすめです。

作り方 >p.73

Apple cake

りんごのケーキ

寒くなってきた頃、お茶のおともには、あつあつのりんごのケーキがぴったりです。
酸味と歯ごたえのバランスがよい紅玉でぜひ作ってみてください。
今回はシナモンを入れましたが、ブランデーを加えても香りがよくて美味です。

バナナケーキ

材料　24cm × 7cm のパウンド型 1 台分
食塩不使用バター　60g
きび砂糖　30g
全卵 (L)　1 個 (約 56g)
A ・薄力粉　30g
　・アーモンドプードル　30g
　・塩　ひとつまみ
バナナ　2 本 (正味約 150g)
＜トッピング＞
　バニラアイスクリーム　適量
　ミント　適量

準備
・バターは室温で柔らかくなるまでもどす。
・卵は常温に戻す。
・A は合わせてふるう。
・バナナは皮をむいて一口大に切り、フォークで粗くつぶす。
・型にオーブンシートを敷く。
・オーブンは 180℃ に予熱する。

作り方
1　ボウルにバターを入れ、泡立て器でクリーム状になるまで混ぜる。
2　ブラウンシュガーを加え、よくすり混ぜる。
3　溶いた卵を少しずつ加え、分離しないようにそのつどよく混ぜる。
4　A を 2 回に分けて加え、ゴムベラでさっくりと混ぜ合わせる。
5　バナナを加えて混ぜ、型に流し入れて表面を平らにならす。
6　180℃ のオーブンで 20 分焼く。好みでバニラアイスを添え、ミントを飾る。

＞食べるときにオーブントースターで焼いてカリッとさせると、一段とおいしくなります。

りんごのケーキ

材料 24cm×7cmのパウンド型 1 台分
食塩不使用バター　60g
上白糖　50g
全卵（L）　1 個（約 56g）
A ┌ 薄力粉　60g
　└ 塩　ひとつまみ
りんご　小 1 個（正味約 150g）
シナモンパウダー　少々

準備
・バターは室温で柔らかくなるまでもどす。
・卵は常温に戻す。
・A は合わせてふるう。
・オーブンは 180℃に予熱する。
・型にオーブンシートを敷く。

作り方
1　りんごは皮をむいて薄いいちょう切りにする。耐熱容器に入れてシナモンパウダーをふり、電子レンジで 1 分～1 分 30 秒加熱する（a）。
＞生地になじみやすいようにりんごをしんなりさせ、シナモン風味をつけます（シナモンは好みで入れなくてもよい）。

2　ボウルにバターを入れ、泡立て器でクリーム状になるまで混ぜる。

3　上白糖を加え、よくすり混ぜる。

4　溶いた卵を少しずつ加え、分離しないようにそのつどよく混ぜる。

5　A を 2 回に分けて加え、ゴムベラでさっくりと混ぜ合わせる。

6　1 のりんごを加えて混ぜ、型に流し入れて表面を平らにならす。

7　180℃のオーブンで 25 分焼く。
＞ケーキに甘味があるので、りんごは酸味があるものを選びます。歯ごたえのよい紅玉がおすすめ。

Sweet potato

スイートポテト

さつまいもを焼いてから中身をくり抜き、皮まで食べられるスイートポテトに。
おいもによって水分の含有率が違いますので、牛乳の量でかたさを調整してください。
しっかりと裏ごしするより、コロコロと粒が残っている方が愛嬌があって好きです。

材料　さつまいも 1kg 分
さつまいも　1kg
上白糖　100g
食塩不使用バター　50g
生クリーム　約 100㎖
牛乳　約 50㎖（水分調整用）
塩　少々
卵黄・はちみつ　各適量

> 分量はさつまいも 1 本の重量により変動します。500g の場合は半量にするなど、さつまいもの重量に合わせて調整してください。

準備
・オーブンは 180℃に予熱する。

作り方

1　さつまいもは洗って皮つきのままアルミホイルで包み、180℃に温めたオーブンで 30 〜 40 分焼く。竹串を刺して中心まで焼けているかどうか確認する（a）。

2　熱いうちに縦半分に切り、縁を 3mm ほど残してスプーンで中身をくり抜く（b）。くり抜いた中身はフォークでつぶす。

> さつまいもの皮を器として使うので取っておきます（c）。熱いうちにくり抜くと綺麗に仕上がります。

3　鍋につぶしたさつまいも、上白糖、バターを入れて弱火にかけ、焦げないように混ぜる。

4　なめらかになったら生クリームを加えて混ぜ、牛乳を少しずつ加えて練りやすいように水分量を調整したら、塩を加えて水分をとばすように練り上げる。

> 牛乳の分量は目安です。さつまいもの水分により変わるので、練りやすいかたさになるまで様子を見ながら少しずつ加えてください。

5　2 の皮に 4 をたっぷり詰め、表面に刷毛で溶いた卵黄を塗る。

6　180℃に温めたオーブンで 20 分焼いて焦げ目をつけ、仕上げにはちみつを塗る。

a

b

c

冬のお菓子

クリスマスにお正月、バレンタインと、冬のイベントにはお菓子が大活躍です。普段使いのロールケーキも、クリームを塗ってプレートやローソクを飾れば、クリスマスのブッシュ・ド・ノエルに変身。どっしりとしたパウンドケーキは、お腹も心も満たしてくれます。バレンタインの頃には市場に売っているミモザを、チョコレートケーキのまわりにあしらっています。チョコの茶色にミモザの黄色が鮮やかに映えて、より一層センスよく仕上がります。華やかなクグロフ型のケーキは贈り物にもぴったり。この時期はパーティーなどの集まりや、誰かにプレゼントすることも多いでしょう。私はケーキの包装などに英字新聞をよく使っています。素敵なラッピングを考えるのも楽しい時間ですね。

作り方 >p.78

Chocolate cake

チョコレートケーキ

ココアスポンジ生地を3枚にスライスして、間にガナッシュをはさみました。
チョコレートとキルシュワッサーは相性抜群で、品のある大人の味に。
ミモザなどを添えて、バレンタインの贈り物にもいかがでしょうか。

チョコレートケーキ

材料 直径18cmの丸型1個分

<スポンジ生地>
食塩不使用バター　10g
牛乳　大さじ1
菜種油　大さじ1
全卵 (L)　3個 (約170g)
卵黄 (L)　1個分 (約18g)
上白糖　90g
A ┬ 薄力粉　80g
　└ ココア　20g

<シロップ>
水　50㎖
上白糖　25g
キルシュワッサー
　大さじ1弱

<ガナッシュ>
製菓用チョコレート (スイート)　100g
生クリーム　100㎖
キルシュワッサー　大さじ½

準備
・紙などを敷き、Aを合わせて高い位置から2度ふるう。
・生地用の上白糖は1度ふるう。
・型にオーブンシートを敷く。
・オーブンは天板 (下段) に湯を張り、180℃に予熱する。

作り方

<スポンジ生地>

1　バター、牛乳、菜種油をボウルに入れ、湯せんにかけて溶かす (または電子レンジで加熱してもよい)。
2　別のボウルに全卵、卵黄、上白糖を入れ、軽く混ぜる。
3　2を湯せんにかけ、人肌になるまで温めたら湯せんをはずし、高速のハンドミキサーで一気に混ぜる。

> 卵が冷たいと泡立ちにくく、生地のふくらみが悪くなります。湯せんで温めることでふくらみやすい生地になります。

4　生地を持ち上げて泡立て器の中で一瞬とどまるくらいのかたさになったら (**a**)、低速で1分混ぜてゆっくりとキメをととのえる (**b**)。
5　Aを再度ふるいながら加え、ゴムベラでさっくりと混ぜる (**c**)。
6　1のボウルに5の生地をひとすくい入れ、よくなじませる。

> 混ぜすぎは生地の仕上がりに影響するため、先に少量を混ぜてなじませ、混ぜる回数を少なくします。

7　6をゴムベラで受けながら5のボウルに少しずつもどし、だまがなくなるまで大きく混ぜ合わせる (**d**)。
8　型に高い位置から流し入れ (**e**)、空気抜きを2〜3回し、180℃のオーブン (上段) で25分焼く。
9　型からはずし、紙をつけたまま逆さまにして網にのせ (**f**)、粗熱が取れたらビニール袋に入れる。

> 逆さまにしておくと、生地の中の湿気や重みが均一になります。生地は乾燥しないようにビニール袋に入れておきます。

 a
 b
 c
 d
 e
 f

<仕上げ>

10 ガナッシュを作る。チョコレートを湯せんで溶かし、生クリーム、キルシュワッサーを加え、塗りやすいかたさになるまで混ぜる（**g**）。

> 風味が薄れるため、湯せんをかけるときは40℃以上にならないように注意。

11 シロップを作る。水と上白糖を鍋に入れて火にかけ、沸騰したら火からおろし、冷めたらキルシュワッサーを加える。

12 スポンジ生地は上下を切り落として1cm厚さにカットし、3枚取る（**h**）。

> 上下の生地はかたいので最初に切り落とします。あれば1cm厚さの板を両脇に置くと均等に切りやすいです。

13 生地を1枚回転台にのせてシロップを表面に刷毛で塗り（**i**）、ガナッシュの¼量を薄く塗り広げる（**j**）。

14 2枚目の生地をのせて**13**をくり返し、3枚目も同様にする（**k**）。

15 側面にシロップと残りのガナッシュを塗ってパレットナイフできれいにととのえ（**l**）、仕上げにココア（分量外）をふる。

Fruitcake

フルーツケーキ

じっくりラム酒に漬けたドライフルーツを混ぜ込んだ、
深い味わいのケーキ。焼きたても美味ですが、
数日置いて落ち着かせるとおいしさが増します。
冷暗所で1カ月は日持ちするので、
毎日少しずつ味の違いを楽しむのもよいでしょう。

作り方 >p.82

マーブルケーキ

プレーン生地とココア生地でマーブル模様を作り、クグロフ型で焼いてみました。
ココア生地にはチョコレートも加えているのでしっかり濃厚なお味です。
焼き上がったケーキに粉砂糖でお化粧をすると一段と風格が上がります。

Marble cake

作り方 >p.83

フルーツケーキ

材料　16.5cm × 7cm のパウンド型 2台分
食塩不使用バター　150g　　くるみ　60g
上白糖　120g　　　　　　　フルーツのラム酒漬け
全卵 (L)　2と½個 (約140g)　(下記)120g
薄力粉　170g　　　　　　　アーモンドスライス　適量

準備
・バターは室温で柔らかくなるまでもどす。
・卵は常温に戻す。
・紙などを敷き、薄力粉を高い位置から2度ふるう。
・上白糖は1度ふるう。
・くるみは180℃のオーブンで6分から焼きし、適当な大きさに砕く。
・型にオーブンシートを敷き、オーブンは180℃に予熱する。

作り方
1　ボウルにバターを入れ、泡立て器でクリーム状になるまで混ぜる（a）。
2　上白糖を2回に分けて加え、そのつどよく混ぜる。
3　溶いた卵を少しずつ加え（b）、分離しないように気をつけながらそのつどよく混ぜる。
> 分離すると味や口当たりが悪くなるので、少量ずつ加えるのがコツ。分離してしまったら薄力粉を少し加えると落ち着いてきます。

4　薄力粉を2回に分けて加え、ゴムベラでさっくりと混ぜる。
5　くるみ、フルーツのラム酒漬けを加えて混ぜ、型に流し入れる。
6　両端が高くなるようにゴムベラでならし（c）、アーモンドを散らし、180℃のオーブンで30分焼く。
> 焼き上がったときに真ん中がふくらまないように、外側を高くしておきます。

フルーツのラム酒漬け

材料　作りやすい分量
サルタナレーズン　500g
カリフォルニアレーズン　500g
スライスオレンジピール　250g
ラム酒　1.2ℓ

作り方
1　レーズン、オレンジピールをぬるま湯で洗い、ざるに上げて水気をきる（d）。
> 洗ってドライフルーツに付着している油などを取り、柔らかくもどします。

2　ボウル（火にかけられる材質のもの、または鍋）に1を入れて火にかけ、から煎りして水分をとばす（e）。
3　粗熱を取ってラム酒を注ぎ（f）、1週間以上漬ける。
> 今回は半年以上寝かせたものを使用。漬け時間が長いほど味が深まります。

マーブルケーキ

材料　直径18cmのクグロフ型1台分
食塩不使用バター　200g
上白糖　130g
全卵 (L)　3個 (約170g)
プレーン生地
・薄力粉　145g
ココア生地
・薄力粉　35g
・ココア　20g
・製菓用チョコレート (スイート)　30g
粉砂糖　適量

準備
・バターは室温で柔らかくなるまでもどす。
・卵は常温に戻す。
・紙などを敷き、薄力粉 (ココア生地は薄力粉とココアを合わせたもの) を高い位置から2度ふるう。
・上白糖は1度ふるう。
・チョコレートは湯せんで溶かしておく。
・オーブンは180℃に予熱する。

作り方

1　ボウルにバターを入れ、泡立て器でクリーム状になるまで混ぜる。

2　上白糖を2回にわけて加え、そのつどよく混ぜる。

3　溶いた卵を少しずつ加え、分離しないように気をつけながら、そのつどよく混ぜる。

> 分離すると味や口当たりが悪くなるので、少量ずつ加えるのがコツ。分離してしまったら薄力粉を少し加えると落ち着いてきます。

4　生地の¼量を別のボウルに移し、ココア生地用の粉を2回に分けて加え、ゴムベラでさっくりと混ぜ、溶かしたチョコレートを加えて混ぜる (ココア生地)。残った¾量には薄力粉を2回に分けて加え、同様に混ぜる (プレーン生地)。

5　ココア生地をプレーン生地に加え (**a**)、ゴムベラで2〜3回混ぜてマーブル模様にする (**b**)。

> 型に入れるときにまた混ざってしまうので、ここでは軽く混ぜる程度にしておきます。

6　型に流し入れ (**c**)、ゴムベラで外側が高くなるように側面に貼りつけるようにし (**d**)、180℃のオーブンで35分焼く。冷めたら型からはずし、粉砂糖をふる。

> 焼き上がったときに真ん中がふくらまないように、外側を高くしておきます。

 a
 b
 c
 d

ロールケーキ

スポンジ生地でホイップクリームとフルーツを巻いた定番のロールケーキです。
しっとり、ふんわりのスポンジ生地とクリームが一体となり、なめらかな口当たり。
フルーツはお好きなものを使っていろいろアレンジしてみてください。

作り方 >p.86

ロールケーキ

材料　25cm × 25cm × 3cmの紙型1枚分
＜スポンジ生地＞　　＜ホイップクリーム＞
　食塩不使用バター　15g　　生クリーム　200ml
　菜種油　大さじ1弱　　　　グラニュー糖
　牛乳　大さじ1弱　　　　　大さじ2
　全卵 (L)　2個 (約115g)　＜トッピング＞
　卵黄 (L)　1個分 (約18g)　いちご　大7個
　上白糖　60g　　　　　　　キウイ　1個
　薄力粉　60g　　　　　　　粉砂糖　適量
＜シロップ＞
　水　25ml
　上白糖　12g
　ラム酒　大さじ½

準備
・紙などを敷き、薄力粉を高い位置から2度ふるう。
・生地用の上白糖は1度ふるう。
・新聞紙で型を作り (p.95)、わら半紙 (またはオーブンシート) を敷く。
・オーブンは天板 (下段) に湯を張り、200℃に予熱する。

作り方
＜スポンジ生地＞
1　バター、菜種油、牛乳をボウルに入れ、湯せんにかけて溶かす (または電子レンジで加熱してもよい)。
2　別のボウルに全卵、卵黄、上白糖を入れ、泡立て器で軽く混ぜ合わせる。
3　2を湯せんにかけ (人肌になるまで温めたら湯せんをはずす) 高速のハンドミキサーで一気に混ぜる (**a**)。
＞卵が冷たいと泡立ちにくく、生地のふくらみが悪くなります。湯せんで温めることでふくらみやすい生地になります。
4　生地を持ち上げて泡立て器の中で一瞬とどまるくらいのかたさになったら (**b**)、低速で1分混ぜてゆっくりとキメをととのえる。
5　4に薄力粉を再度ふるいながら加え (**c**)、ゴムベラでさっくりと混ぜる。
6　1のボウルの中に5の生地をひとすくい入れ、よくなじませる。
7　6をゴムベラで受けながら5のボウルに少しずつもどし (**d**)、大きく混ぜ合わせる (**e**)。
8　型に流し入れて天板にのせ、底を2〜3回たたいて空気抜きをし、200℃のオーブン (上段) で8分焼く。型からはずし、紙をつけたまま逆さまにし、網にのせて冷ます。
＞逆さまにしておくと、生地の中の湿気や重みが均一になります。

a

b

c

d

e

<仕上げ>

9　シロップを作る。水と上白糖を火にかけ、沸騰したら火からおろし、冷めたらラム酒を加える。

10　紙の上に焼き面を上にしてスポンジ生地を置き、刷毛でシロップを塗る。

11　手前半分に、巻きやすいように2cm間隔の切り込みを入れる（f）。

12　生クリームにグラニュー糖を加えて8分立てに泡立て、生地の手前1/3に塗り広げる（g）。

13　いちごはヘタを取り、大きければ半分に切る。キウイは皮をむいて一口大に切る。手前にいちごとキウイを並べる（h）。

14　手前から紙ごと持ち上げ（i）、しっかりと巻く（j）。

15　巻き終わりを下にして置き（k）、冷蔵庫で1時間以上休ませる（巻き終わりをテープで留めてしっかり固定する）。紙をはずして仕上げに粉砂糖をふる。

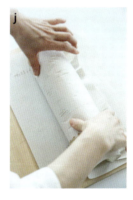

ブッシュ・ド・ノエル

聖夜のひとときに華を添えてくれる、切り株に見立てたクリスマスケーキです。スポンジ生地の中には生クリームを、デコレーションにはチョコクリームを使用し味に変化をつけました。ロールケーキの応用で作成できます。

Bûche de Noël

材料　25cm×25cm×3cmの紙型1台分
<スポンジ生地>
　食塩不使用バター　15g
　菜種油　大さじ1弱
　牛乳　大さじ1弱
　全卵(L)　2個（約115g）
　卵黄(L)　1個分（約18g）
　上白糖　60g
　薄力粉　60g
<シロップ>
　水　25ml
　上白糖　12g
　ラム酒　大さじ½
<チョコレートクリーム>
　製菓用チョコレート（スイート）　40g
　牛乳　大さじ1と½
　生クリーム　150ml
<ホイップクリーム>
　生クリーム　100ml
　グラニュー糖　大さじ1
<トッピング>
　マジパンの
　　ハリネズミ(p.91)ときのこ　適量
　チョコレートプレート・粉砂糖　各適量

準備
・紙などを敷き、薄力粉を高い位置から2度ふるう。
・生地用の上白糖は1度ふるう。
・新聞紙で型を作り(p.95)、わら半紙（またはオーブンシート）を敷く。
・オーブンは天板（下段）に湯を張り、200℃に予熱する。

作り方
<スポンジ生地>
p.86の「ロールケーキ」の生地を参照し、同様に作る。
<仕上げ>
1　シロップを作る。水と上白糖を火にかけ、沸騰したら火からおろし、冷めたらラム酒を加える。
2　紙の上に焼き面を上にしてスポンジ生地を置き、刷毛でシロップを塗る。
3　手前半分に、巻きやすいように2cm間隔の切り込みを入れる。
4　生クリームにグラニュー糖を加えて8分立てに泡立て、生地の手前⅔に塗り広げる。
5　手前から紙ごと持ち上げ、しっかりと巻く。
6　巻き終わりを下にして置き、冷蔵庫で1時間以上休ませる（紙をテープで留めてしっかり固定する）。
7　紙をはずして端を斜めに切り落とす(a)。

8　チョコレートクリームを作る。チョコレートと牛乳をボウルに入れ、湯せんにかけて溶かす（40℃以上にしないように注意）。別のボウルで生クリームを6分立てに泡立て、チョコレートと牛乳を加えてクリーム状になるまで混ぜる。
9　チョコクリームを絞り袋（口金は片ムカデ p.95）に入れて絞り出す(b)。
10　切り株に見立てて7をのせ(c)、切り口にもチョコレートクリームを塗る。フォークで木目を描き(d)、切り口には竹串で渦巻きを描く(e)。マジパンやプレート、あればひいらぎの葉やレッドカラントなどを飾り、粉砂糖をふる。

マジパンモチーフの作り方

マジパンは、切ったり、こねたりして、動物やお花、人形など自由に形を作ることができるケーキの装飾に使う材料です。白に近いクリーム色をしていますが、
ココアや抹茶、食紅などを混ぜて好みの色に着色していきます。
マジパンを飾ればぐっと華やかになり、行事に合わせた演出をするのにも効果的です。
本書ではショートケーキ (p.39) のおひな様、
ブッシュ・ド・ノエル (p.88) のきのこやハリネズミで使用しています。
マジパン細工は上手に仕上げようとせずに、
食べてもらう人の笑顔を思い浮かべながら、楽しんで作るのが一番。
家族皆で一緒に作るのもよいですね。粘土遊びをするように、
童心にかえって無心になれるひとときです。

作り方
1　マジパンは使う分だけ取り分け、ココアや抹茶、食紅を少量ずつ混ぜながら練り、好みの色に着色する。
2　手でこねて好きな形を作り、それぞれのパーツを貼りつけて組み立てる。動物や人形の顔はチョコや食紅などを竹串や楊枝につけて描く。

本書でマジパンの着色に使用したのは、抹茶（抹茶色）、ココア（茶）、食紅（赤・黄色）の4色です。作るものに合わせて用意してください。

マジパンに食紅（または抹茶・ココア）をつけ、練るように混ぜ合わせます。足りなければ少量ずつ加えて好みの濃度に調整します。

ハリネズミは胴体を作ってから竹串などに刺し、溶かしたチョコ、チョコスプレーの順にくぐらせ、まわりに付着させます。

おひな様（p.39）
手作りならではの素朴なおひな様です。胴体と顔は無着色で成形し、黄色、抹茶色（赤）の順に貼りつけて衣装を着せ、茶で髪を作ります。黄色で冠、檜扇、勺をそれぞれ貼りつけ、チョコや食紅で顔を描きます。

ハリネズミ（p.88）
チョコスプレーを針に見立ててキュートなハリネズミに。胴体と顔は無着色で成形し、松の実を切って耳をつけます。竹串に刺して溶かしたチョコにくぐらせ、チョコスプレーをまんべんなくつけ、チョコで顔を描きます。

お花
シンプルなお花モチーフは、ケーキに華やかな彩りを添えます。色の組み合わせは自由に変えてみてください。赤で花びらを5枚作って貼り合わせ、中央に黄色を貼りつけます。抹茶で葉や茎を作り、好みでつけても。

ハート・プレゼントBOX
バレンタインや誕生日ケーキにハートやプレゼントのモチーフはいかがでしょう。プレゼントBOXは無着色で立方体に成形し、赤や抹茶でリボンを作って飾ります。ハートは小さく作ってたくさん並べてもよいですね。

使用している材料

★印の材料は、富澤商店（p.96）で購入できます。

材料は最小限のものしか使いませんので、できるだけ上質なものを選びましょう。

シフォンケーキ

＊薄力粉★
鎌倉しふぉんでは北海道産「ゆきんこ」を使用していますが、手軽に入手できる薄力粉でも大丈夫です。シフォンケーキは米粉（熊本県産「ミズホチカラ」）にも同量で置きかえ可能です。

＊卵
Lサイズ（正味約56g）を使用。メレンゲを作るときは温度管理が大切。夏場は冷蔵庫から出したてのもの、冬場は常温のものを使うようにしましょう。

＊グラニュー糖
シフォンケーキの軽い食感を生かすため、生地に混ざりやすく、上品な甘味があるグラニュー糖が適しています。甘さは好みで調整しても大丈夫です。

＊なたね油
風味に影響するので後味がさわやかでにおいの残らないなたね油を。ほかに紅花油やコーン油などもおすすめです。シフォンケーキはノンオイルでも焼成できます。

＊牛乳
牛乳を入れることで生地にまろやかさとコクが加わります。苦手な方は水や豆乳に変えてもよいです。お店では無調整の乳脂肪分3.7％のものを使用。

乳製品

＊生クリーム
加えると風味とコクが出ます。乳脂肪分47％のものは生地の中に混ぜ込むときに、35％のものはデコレーション用のホイップクリームを作るときに使用。

＊バター★
食塩不使用のものを使用。バターを加えることでどっしりとしたコクが出ます。良質な生乳を使用した風味のよいバターがおすすめです。

＊サワークリーム★
生クリームを乳酸菌で発酵させたクリーム状のもの。フレッシュな酸味が特徴的で、チーズケーキなどさわやかな風味のお菓子によく合います。

＊クリームチーズ
酸味があってクリーミーな非熟成のチーズ。レアチーズケーキ（p.53）に使用。メーカーによって味が異なるので、好みのものを選びましょう。

砂糖

＊上白糖
料理などでも広く一般的に使われている砂糖です。しっとりとした感触があり、グラニュー糖よりも甘味とコクがあります。

＊きび砂糖
さとうきびから作られたミネラル分を含む砂糖。黒糖よりもくせがないので使いやすく、ほどよい風味とまろやかな甘味が出ます。

＊粉砂糖★
「純粉砂糖」。グラニュー糖をパウダー状にすりつぶしたもの。焼き上がったケーキの上にふりかけると、上品な仕上がりになります。

ナッツ・ドライフルーツ

＊レーズン（カリフォルニア）★

カリフォルニア産のぶどう「トンプソンシードレス種」を使用。長期間天日干しをすることで濃い紫色になり、甘味が凝縮します。

＊トルコ産サルタナレーズン★

天日干しの時間が短いためカリフォルニアレーズンよりも色が明るく、柔らかいのが特徴的。ほどよい果実の香りや甘さがあります。

＊素煎りくるみ★

アメリカ産のくるみを焙煎したもの。食塩や油は不使用なので素材そのものの味を楽しめます。生地に混ぜるほか、トッピングにも。

＊皮付アーモンドプードル★

無塩のアーモンドを粉末状に加工したもの。コクが出てリッチな味わいを楽しめます。皮つきを選ぶとより香ばしく力強い風味に。

＊アーモンドスライス（ロースト）★

アーモンドを約1mm厚さにスライスしてローストしたもの。トッピングに使用すると、香ばしい風味がアクセントになります。

＊スライスオレンジピール★

「うめはら オレンジスライス」。オレンジをスライスして砂糖漬けにしたもの。柑橘の香りとほのかな苦味がケーキに深みを与えてくれます。

製菓用チョコレート

＊スイート★

シンプルな味わいのスイートチョコ。カカオ分56％。なめらかな口溶けに、きりっとした苦味があり、幅広い用途に。

＊ホワイト★

なめらかな口溶けとマイルドなミルク風味のホワイトチョコ。カカオ分40％。レアチーズケーキ（p.53）のトッピングに使用。

その他

＊粉寒天★

寒天（天草などの粘液質を凍結して乾燥させたもの）を粉末状にしたもの。ゼリーなどを作るときに使用。小分けタイプが便利です。

＊バニラビーンズ★

少量加えるだけでも甘いバニラの香りが広がり、一段とおいしさが増します。使うときは切り込みを入れ、中の種をこそぎ取ります。

＊マジパンペースト★

アーモンドと砂糖が原材料のペースト。好きな色に着色して、いろいろな形が作れます（p.90）。ケーキなどのトッピングに。

＊キルシュワッサー★

さくらんぼを発酵、蒸留、長期熟成させたドイツ生まれのブランデー。フルーティーな香りで、チョコレートとも相性がよいです。

＊ラム酒★

さとうきびを発酵熟成させた蒸留酒。生地やクリームに加えたり、焼き上がり後に塗ったりと、お菓子の風味づけに欠かせません。

シフォンの道具とお菓子の型

使用するのはお菓子作りの基本の道具ばかり。型は作るものに合わせて選びましょう。

シフォンの道具

＊型

熱伝導のよいアルミ製がおすすめ。本書は直径17cmと20cmのレシピを記載しています。焼き時間はアルミの場合です。紙製やアルタイト加工のものを使うときは数分長めに焼いてください。

＊ボウル

平たいものより深さがあるものを選びます。生地が中心に集まるため、メレンゲの仕上がりもよく、お菓子作りには向いています。ステンレス製は直火にかけられて便利。大小サイズ違いで揃えます。

＊ゴムベラ

シリコン製で持ち手と一体型のタイプがお手入れもラクで衛生的です。メレンゲ用と卵黄生地用に2本あると、スムーズに作業できて便利です。しなりのよいものを選びましょう。

＊泡立て器

持ち手のしっかりした、ワイヤーの数が多い製菓用のものが混ぜやすくておすすめです。長さはいろいろありますが、30cmまたは35cmがおすすめです。ボウルの大きさに合ったものを選んでください。

＊ハンドミキサー

メレンゲを作るときは、泡立て器だと時間がかかって生地がだれてしまうので、ハンドミキサーを使いましょう。パワーがあり、羽の部分が大きいものが使いやすくておすすめです。

＊ふるい

いろいろなタイプがありますが、持ち手つきのざる（ストレーナー）が扱いやすくておすすめです。目は細かすぎないものを選ぶと、目詰まりしにくくて洗うのもラクです。

＊デジタルスケール

1g単位で正確に計量できるデジタルタイプのはかりはお菓子作りに欠かせません。容器の重さを差し引くことができるので材料をボウルの中に次々と入れながら計量することもできて便利です。

＊竹串・シフォンへら・パレットナイフ

焼き上がったシフォンケーキを型から取り出すときに使用します。外側はパレットナイフを、中心の筒のまわりはシフォンへらまたは串を型と生地の間に入れてはがしていきます。

＊パン切り包丁

シフォンケーキをカットするときに使用。ふわふわしたシフォン生地はパンに近いので、ケーキナイフや包丁よりも、パン切り包丁を使って前後に動かすようにすると、つぶさずにきれいに切れます。

型と口金

＊タルト型（浅）

直径20cmのものをラ・フランスのタルト（p.64）、パンプキンタルト（p.65）で使用。底の抜けるタイプが使いやすいです。浅型のタルト生地の、さくさくした食感がほどよいバランスで楽しめます。

＊タルト型（深）

直径18cmのものをブルーベリータルト（p.56）、クラフティー・スリーズ（p.57）で使用。クリームやフルーツをたっぷり入れたいときには深型を使います。こちらも底の抜けるタイプを。

＊丸型

直径18cmをレアチーズケーキ（p.53）、ガトーショコラ（p.68）、チョコレートケーキ（p.77）で使用。フッ素樹脂加工のものは型から取り出しやすく、初心者でも使いやすいです。

＊クグロフ型

フランスの伝統菓子「クグロフ」の型。中央に穴があいた形が特徴的でまわりにうねりのある模様が入り、華やかな焼き上がりです。直径18cmをマーブルケーキ（p.81）で使用。

＊エンゼル型

エンゼルケーキやババロアなどに使われるリング状の型。直径18cmをいちごのババロア（p.47）、キャロットゼリー（p.62）に使用。フッ素樹脂加工のものが取り出しやすくておすすめ。

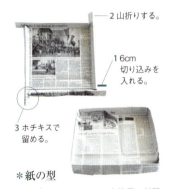

2 山折りする。
1 6cm切り込みを入れる。
3 ホチキスで留める。

＊紙の型

25cm角、25cm×29cmを使用。新聞紙を2〜3枚重ねてカットし（辺の長さ＋上下左右各6cm）、四隅に切り込みを入れて3cmのところを折り、角の部分を重ねてホチキスで留めます。

＊パウンド型

24cm×7cmをバナナケーキ（p.70）とりんごのケーキ（p.71）で、16.5cm×7cmをフルーツケーキ（p.80）で使用。

＊口金

口金はいろいろな種類があるので好みのものを探してみましょう。片側に櫛目があり、波状の線が描ける片ムカデ（左）はシンプルな直線を絞るときに便利。星型（右）はデコレーションに使用。

95

＊プロフィール
青井聡子 （あおい さとこ）

2000年に鎌倉へ移住とともにカフェをオープンし、
お店で出していたケーキが評判となる。
独学でシフォンケーキの研究を重ね、
2003年には鎌倉市農協連即売所内に
シフォンケーキの専門店「市場のケーキ屋さん 鎌倉しふぉん」をオープン。
季節を取り入れたメニューが人気で、
雑誌やテレビなどさまざまなメディアで取り上げられている。
かまくら推奨品にも認定。
お店の近くにある工房でお菓子教室を主催。
わかりやすく丁寧な指導に定評があり、国内だけでなく海外からの生徒も多い。
著書に『新版 鎌倉しふぉんのシフォンケーキ』（マイナビ出版）がある。

＊写真　　　　　　宮濱祐美子
＊スタイリング　　池水陽子
＊デザイン　　　　茂木隆行
＊編集協力　　　　矢澤純子
＊調理アシスタント 池田由紀子、井澤珠世、遠藤紀子、佐藤智子
＊材料提供　　　　富澤商店

全国約40店舗の直営店とオンラインショップを展開。
http://www.tomizawa.co.jp
問い合わせ窓口：【センター】TEL：042-776-6488（月〜金 9:00〜17:00 土 9:00〜15:00）
・商品の取り扱いは2014年10月現在のものです。
　お店や商品の状況によって入手できない場合があります。あらかじめご了承ください。
※本書は『鎌倉しふぉんのお菓子教室』（2014年刊）を加筆修正したものです。

新版 鎌倉しふぉんのお菓子教室
季節のシフォンケーキとお菓子

2024年 8 月31日 初版第1刷発行
2024年10月10日 初版第2刷発行

著　者　青井聡子
発行者　角竹輝紀
発行所　株式会社マイナビ出版
　　　　〒101-0003　東京都千代田区一ツ橋2-6-3 一ツ橋ビル2F
　　　　TEL 0480-38-6872（注文専用ダイヤル）
　　　　　　 03-3556-2731（販売部）
　　　　　　 03-3556-2735（編集部）
　　　　URL https://book.mynavi.jp
印刷・製本　シナノ印刷株式会社

※定価はカバーに記載してあります。
※落丁本、乱丁本はお取り替えいたします。お問い合わせはTEL0480-38-6872（注文専用ダイヤル）、または電子メール sas@mynavi.jp までお願いいたします。
※本書について質問等がございましたら、往復はがき、または封書の場合は返信用切手、返信用封筒を同封のうえ、㈱マイナビ出版編集第3部までお送りください。お電話でのご質問は受け付けておりません。
※本書の一部、または全部について、個人で使用するほかは、著作権法上㈱マイナビ出版および著作権者の承諾を得ずに無断で複写、複製することは禁じられております。
ISBN978-4-8399-8665-0
Ⓒ 2024 Satoko Aoi
Ⓒ 2024 Mynavi Publishing Corporation
Printed in Japan